KB042745

백제의
마지막 왕은
누구인가?

역사의 대척점에 선 형제,
부여융과 부여풍

백제의 마지막 왕은 누구인가?
역사의 대척점에 선 형제, 부여융과 부여풍

지은이   이도학
펴낸이   최병식
펴낸날   2024년 8월 5일
펴낸곳   주류성출판사
서울특별시 서초구 강남대로 435
TEL | 02-3481-1024 (대표전화) • FAX | 02-3482-0656
www.juluesung.co.kr | juluesung@daum.net

값 20,000원
잘못된 책은 교환해 드립니다.
ISBN 978-89-6246-539-6 93910

백제의
마지막 왕은
누구인가?

역사의 대척점에 선 형제,
부여융과 부여풍

이도학 지음

머리말

1

'서로 라이벌'이라는 말을 흔히 사용하거나 듣고 있다. 라이벌의 사전적 의미는 '같은 분야에서 또는 같은 목적을 위해 서로 경쟁하는 사람'을 가리킨다. '역사상의 라이벌'이라는 용어도 흔하게 사용해 왔다. 동일한 목적을 지녔지만 서로 대척점에 섰던 백제 의자왕의 두 아들만 한 라이벌이 있었을까?

부여융과 부여풍은 모두 의자왕의 아들이었다. 7세기 후반 동아시아의 정치 질서가 재편되는 급변기를 맞아 끊임없이 부침을 거듭했던 두 왕자들의 인생 행로는 굴곡 그 자체였다. 백제 사신단의 수석인 23세 미남 청년 융은 '대당大唐'의 궁정을 밟았다. 압도하는 제궐帝闕의 웅위한 모습, 천하의 영걸이자 노회한 태종 알현과 휘황한 채색비단 3천 단을 하사받고 득의에 차서 귀국선에 몸을 실었던 순간은, 환희와 감격 그 자체였을 것이다. 그가 생을 마감할 때까지도 뇌리에서 지워지지 않았을 영광스러운 장면이었음이 분명했다.

융이 친당親唐의 길을 걸었고, 당에서 생을 마감한 것은 어쩌면 예정된 숙명이었는지도 모르겠다. 그와 대척되는 삶을 살았던 자신의 아우가 풍이었다. 풍은 어린 시절 왜로 파견되었다. 풍은 왜에서의 생활에 익숙해져 있었다. 그는 631년에서 661년까지 어언 30년, 한 세대 동안 왜에서 체류하였다.

백제가 의식하지 않을 수 없었고, 또 책봉을 요청해야 할 주체요 영향력이 극대한 중원의 당 제국, 그리고 전통 우방이 왜였다. 융과 풍은 백제가 절대 홀시할 수 없는 두 나라 체험을 각각 한 것이다. 풍의 경우는 귀국하지 못하고 왜에서 한 세대를 내리 살았다. 풍은 왜에 체류하는 중에 딸을 낳았다. 이때가 647년이었으니, 풍의 배우자는 왜녀倭女일 가능성을 배제할 수 없다. 즉위와 관련해 그가 661년 환국할 때 왜녀를 왕비로 맞아들였었다.

660년 7월, 신라와 당의 합공合攻이라는 사변은, 태평성대를 구가하던 백제 왕실로서는 청천벽력 같은 날벼락이었다. 사비도성이 함락되었을 때 폐태자되어 정치적으로 영락해 있던 융은, 훗날 신라 문무왕이 되는 김법민 태자로부터 침세례를 받았다. 신라의 백제 정벌 직접 동기인 대야성 참극에 대한 복수였다. 법민 태자는 한때 백제 2인자였던 융에게 묵은 원한을 뱉은 것이다. 이때의 처참한 상황은 신라 트라우마를 융의 가슴에 깊이 새겨놓았다.

당군은 '가짜를 폐하고 진짜를 세운다. 廢假立眞'를 침공 명분으로 삼았던 것 같다. 당군은 의자왕의 실정失政 대신, 두번 째 왕후 은고를 '요녀妖女'로 규정하면서 악마화했다. 그 소생인 '태자 효'를 축출하고 폐태자였던 융을 복권시켜 주었다. 그러면서 '망한 것을 일으키고 끊어진 것을 잇는다. 興亡繼絶'는 명분으로 백제 재건을 약속하였다. 융을 수반으로 한 친당 정권을 수립하고 철수할 계획이었다. 그랬기에 백제 지방관들은 선선히 관款 즉 관인官印을 일제히 바쳤던 것이다. 그러나 의자왕에 대한 모욕과 당군의 만행이 발단이 되어 도도하게 항쟁의 불길이 번져갔다.

당군의 구상이 흔들리는 상황과 연동해 항전의 불길은 더욱 거세게 번져나갔다. 백제인들은 웅진성과 사비도성을 제외한 백제 전역의 200여 개 성을 회복했다. 백제 영역을 거의 회복한 것이다. 이와 연계해 왜의 지원을 받은 풍이 환국하였다. 그는 백제 왕으로서 신라군과 당군을 축출하고 영토를 수복해 예전의 백제를 복구하는 일에 진력했다. 무력을 통한 국가 회복을 택한 것이다.

그런데 백제 땅에는 풍과 생각을 같이하는 이들만 존재한 것은 아니었다. 융을 수반으로 한 친당 정권과 풍을 왕으로 한 친왜 정권이 대치하였다. 신라인들은 풍을 '가짜 왕'으로 일컬으면서 정권 자체를 인정하지 않았다. 반면 신라인들의 의지와는 무관하게 당의 중재로 융은 신라 상대 역으로 자리잡았다.

663년 8월 처절한 백강 전투 현장에서 융과 풍은 맞대치하였다. 이 싸움에서 풍은 구사일생으로 고구려로 탈출했다. 주류성에 남아 있던 풍의 일족들은 당군에 넘겨졌다. 풍왕이 사라진 백제 땅은 융의 통치권이 되었다. 융은 당의 선의를 믿고 또 대안으로 당과 손을 잡아 국가 회복을 모색하였다. 그러나 웅진도독 융은 신라에 대한 포비아가 극심했다. 신라의 압박을 받고 있던 그는 결국 당으로 돌아갔다. 백강 전투를 겪고 5년 후 고구려 평양성이 무너지던 날 풍은 당으로 압송되었다.

융과 풍, 이 두 사람은 모두 당으로 들어갔다. 친당 정권의 수반이었던 융은 일정한 대우를 받았지만, 당과 대척점에 섰던 풍은 중국 최남단으로 유배보내졌다. 그렇지만 주류성 함락 때 16세였던 풍의 딸은 당의 고관 가문과의 혼인을 통해 영예를 누렸다.

2

역사의 대척점에 섰던 두 형제, 융과 풍 이야기에 대한 집필은, 전적으로 주류성출판사 최병식 회장님의 권유로 인해서였다. 이 주제는 필자가 저서를 비롯해 논문으로 자주 발표했던 사안이었지만, 본서를 집필하면서 예전에 간과했던 쟁점 관련 자료를 재해석해 보완할 수 있었다. 가령 중국에서 발견된 백제 유민 묘지墓誌를 집중 분석함으로써, 의자왕의 항복과 관련한 예식禰植과 예식진禰寔進은 동일 인물일 수 없는 이유를 보완했다. 그리고 예식이 웅진성의 의자왕을 꽁꽁 묶어 사비성으로 끌고 갔다는 주장은 허구에 불과했다.

「예군 묘지」에 보이는 "참제가 하루 아침에 신하를 칭하였고 僭帝一旦稱臣"의 '참제'는, 의자왕이 아니라 왜 왕임을 밝혔다. 백강 전투에서 '왜선 1천 척'은 신라측의 과장으로 단정하지만, "1천 척이나 되는 배가 물결을 가로질러 들뱀을 도우려고 늘어져서 가득했다"는 「예군 묘지」의 '1천 척'과 부합했다. 중국 측에서도, 그것도 『구당서』와 같은 중국 사서보다 앞선 당대의 금석문에서 증언한 것이다. 이 점을 유의하지 않을 수 없다. 여기서 '들뱀'은 백제를 가리킨다.

백강 전투와 관련해 당군의 승리 요인에 대한 많은 추정이 제기되었다. 그런데 중요한 사실은 백강 전투는 준비된 싸움이 아니었다. 앞서간 육군을 따라 군량을 가득 적재하고 웅진강에서 백강으로 진입해 주류성으로 이동하려는 당의 수송선과 백제를 지원하기 위해 병력을 실은 왜의 수송선이 백강 어구에서 갑자기 맞닥뜨려 벌어진 우발적인 전투였다. 군량과 병력 수송선 간의 전투에서, 당군은 군량선을 호위하는 수군이 탑승한 전함이 따라왔기에 단연 우세할 수밖에 없었다. 기존의 연구에서는 이 점을 역시 간과한 것이다.

연구사가 조선 후기까지 거슬러 올라가는 백강의 소재지는 주류성 위치 파악의 관건이었다. 백강이라는 강 주변에서 주류성의 위치를 찾는 게 기본 전제였다. 그럼에도 이러한 대전제를 홀시한 경향이 많지만, 백강과 연계되지 않은 주류성 위치 추적은 무의미해지는 것이다. 이 점 안타깝게 여기지 않을 수 없었다.

그 밖에 자랑스러운 우리나라 의병 운동 발상지로서 의미 부여가 가능한 전적지가 임존성이었다. 백제 의병들을 위한 사당을 충절의 고장인 예산에 건립했으면 하는 바람을 지니게 된다. 실현되는 날이 반드시 오기를 바랄 뿐이다. 더러는 임존성에서 백제 때 유물이 출토되지 않았기에 그 위치를 다른 곳으로 모색하기도 한다. 현재의 임존성에는 통일신라 때 유물만 집중 출토되었다. 그러나 예산 봉수산의 임존성(둘레 약 2.5km)은 항전 관련 첫 기록에서 '임사기산任射岐山'으로 적혀 있었다. 임존성을 '성'이 아니라 '산' 이라고 했고, 책柵을 설치한 기록이 보인다. 이것을 일러 '임존에 보堡를 쌓아'라고 한 것 같다. 그렇다면 임존성은 당초 봉수산에 책을 설치해 항전의 기지로 삼은 게 된다. 주류성의 위치 파악과 관련해 물증 제시만이 능사가 아님을 환기시키고 싶다.

3

본서가 7세기 후반, 격동의 동아시아사를 입체적으로 살피는데 미력이라도 보탬이 된다면 의의가 없지만은 않을 것이다. 그리고 본서가 담고 있는 시기는 학설사적으로도 난마처럼 가장 복잡하게 얽혀 있다. 본서를 통해 좀 더 유연하게 역사적 사안을 접하는 데 일조하기를 바랄 뿐이다.

융과 풍 모두 거친 역사의 피해자로서, 깊은 상처를 안고 한스럽게 세상을 건너간 왕자요 국왕이었다. 자신 앞에 놓인 역사의 거센 파고를 비켜나지 않고 정면으로 뚫고나가려고 혼신의 힘을 다한 사실은 누구도 부정할 수 없다. 현상적으로는 패자인 백제 왕 부여융과 부여풍, 융왕과 풍왕 이 두 왕자에게 너무 늦었지만 명부에서의 복을 빌며 따끈하게 데운 위로의 술잔을 올린다.

2024년 5월 7일
스타벅스에서
내을매 영채 주인
이도학.

[목차]

1

.
.

무왕 시대의 융과 풍

부여융의 출생과 백제 기년법

615년에 무왕의 손자요, 의자왕의 아들 부여융이 태어났다. 무왕에게는 손자가 태어난 경사였다. 이 무렵 백제를 에워싼 대외 정세는 긴박하게 돌아가고 있었다. 수군隋軍이 요하를 건너 일제히 고구려 영역으로 밀려들어왔다. 무왕은 수가 움직이면 금방이라도 고구려를 칠 것처럼 말했지만, 정작 수군이 요하를 건넜지만 미동도 하지 않았다.

『삼국사기』에 따르면 의자왕 4년 1월과 9월 사이에 "왕자 융을 세워 태자를 삼고, 크게 사면을 했다"는 기사가 등장한다. 박스 처리해 강조했듯이 『삼국사기』 상의 의자왕 4년은 의자왕 3년이다. 의자왕 3년에 왕자 부여융이 태자로 책봉되었다. 책봉 시점은 의자왕 자신이 무왕 33년 즉 32년에 태자로 책봉된 사실을 반면교사삼은 듯하다. 의자왕은 너무나 오랜 기간 검증대 위에 올라 있었던 것이다. 의자왕이 태자 책봉을 서두른 것은 후계자 문제를 일찍 확정해서 이를 둘러싼 경쟁과 갈등을 쐐기 박을 심사로 보였다. 그러나 후계자인 부여융은 광야에 홀로 서 있는 상황이라 집중 표적이 될 수 있었다. 의자왕이 간과한 부분이었다. 일찍 책봉된 융의 태자 지위는 태생적으로 변수 요인을 안고 있었다. 더욱이 격랑치는 난세가 아니었던가?

부여융이 태자로 책봉된 644년은 30세였다. 의자왕의 출생년은 부여융 출생년인 615년에서 20년을 기계적으로 소급한다면, 595년 경이 된다. 이 시점에 준한다면 644년 무렵 의자왕은 50세 정도였다. 의자왕으로서는 즉위 3년 무렵에 그간 심각하게 장고했던 후계자 문제를 결정했던 것 같다. 이 경우 태자 책봉의 1 순위는 원자元子 여부가 관건이었을 것이다. 혹자는 부여융을 의자왕의 셋째 아들로 간주하고 있다. 물론 백제 멸망 기사에 '왕 및 태자 효·왕자 태·융·연 및 대신·장사 88인 王及太子孝·王子泰·隆·演 及大臣將士八十八人'이라고 하여 세 번째로 기록되어 있다. 여기서 둘째

아들 태 바로 뒤에 융이 적혀 있으므로 셋째 아들로 지목한 것이다. 그러나 이는 어디까지나 추측에 불과하다. 출생 순서가 아니라 서열순이라는 생각은 왜 못할까?

615년은, 『삼국사기』 기년에 따르면 무왕 16년이지만, 백제 당시 기년에 의하면 무왕 15년이다. 이와 관련해 창왕사리감 겉면에 적힌 "백제 창왕 13년은 태세가 정해인데, 누이인 형 공주가 공양한 사리 百濟昌王十三秊太歲在/ 丁亥妹兄公主供養舍利"라는 문구는 중요한 정보를 제공해준다. 창왕은 위덕왕의 생전 이름인데, 재위 13년째 간지를 '정해'라고 했다. 그런데 『삼국사기』에서 위덕왕 13년은 '병술丙戌'이었고, 566년이었다. 그러나 정해년은 567년이고, 위덕왕 14년이다. 역산하면 백제 당시 위덕왕 즉위년은 555년이었다. 관산성 패전으로 성왕이 사망한 554년 이듬해였다. 『삼국사기』 즉위년과는 달리 그 이듬 해가 백제 당시 위덕왕의 즉위년이었다.

이 사실은 『일본서기』를 통해서도 확인된다. 523년 5월에 무녕왕의 사망을 "17년 여름 5월 백제 왕 무녕이 죽었다. 十七年夏五月 百濟王武寧薨(계체 17년 5월)"고 했다. 성왕의 즉위를 524년 정월에 "18년 봄 정월 백제 태자 명이 즉위했다. 十八年春正月 百濟太子明卽位(계체 18년 정월)"고 하였다. 『삼국사기』와는 달리 이듬해 정월부터 신왕의 즉위 원년이었다. 이렇듯 기년법에 있어서 『일본서기』의 백제 왕 즉위년은 「창왕사리감 명문」과 부합했다. 반면 『삼국사기』에서는 선왕의 사망년을, 신왕 즉위년으로 잡은 즉위년칭원법卽位年稱元法이었다. 그러나 백제 당시에는 선왕의 사망 이듬해를 신왕 즉위년으로 삼은 유년칭원법踰年稱元法을 사용했다.

이러한 주장이 성립하려면 당장 「대당평백제국비명」에서 "그 왕 부여의자 및 태자 융, 외왕 여효로부터 13인과 아울러 대수령 대좌평 사타천복·국변성 이하 7백여 인 其王扶餘義慈及太子隆 自外王餘孝一十三人 幷大首領 大佐平沙吒千福國辯成以下七百餘人”라는 기사에서 의자왕에 이어 적힌 ‘태자 융’에 대한 해명이 선결되어야 한다.

그리고 644년 부여융 태자 책봉 기사의 오류를 지적하고, 태자 부여융에서 태자 효로 교체된 시점과 배경에 대한 논의를 제기했어야 한다. 이러한 점을 해명한 후 적장자 여부를 확인했어야 하지 않을까? 만약 부여융이 의자왕의 셋째아들이라고 하자. 그렇다면 부여융이 두 명의 형을 제끼고 태자로 책봉된 배경에 대한 소명을 했어야 한다. 그러나 소명이 없으니 역시 수긍이 어렵다.

부여융은 의자왕의 적자 즉 맏아들이었다. 게다가 의자왕 3년에 태자로 책봉되었지만, 의자왕 말년에는 그 아들 가운데 세 번째로 적혀 있고, 그것도 단순히 왕자에 불과했다. 부여융 대신 태자는 효였다. 이러한 사실은 부여융의 태자 책봉 이후 정국이 간단하지 않았음을 뜻한다. 요동 치는 정국이었고, 자의가 아닌 타의에 의해 태자 지위가 바뀌었음을 암시해준다.

부여풍의 출생

부여융에게는 대척되는 인물이 있었다. 인생 항로에서 그와 숙명적으로 부딪치게 된 부여풍이었다. 부여풍은 631년 3월에 “백제 왕 의자가 왕자 풍장을 들여보내 질자로 삼았다. 百濟王義慈入王子豐璋爲質(舒明 3)”고 하여 보인다. 물론 631년은 무왕대였지만, 정치적 입지가 강화되어가는 의자 왕자대의 사실이었다. 게다가 ‘의자 왕자’는 궁극적으로 의자왕이 되었기에 ‘백제 왕 의자’는 소급된 표현으로 보인다. 설령 의자왕대의 사실로 단정해 보더라도 풍장 즉 풍이 의자왕의 왕자인 것은 분명하다. 631년 사건은 “의자왕이 아들 풍장왕 및 선광왕을 보내 대궐에 들어가 모시게 했다. 義慈王 遣其子豊璋王及禪廣王入侍(『속일본기』 권27, 天平神護 2년 6월)"고 해 다시 금 확인된다. 여기서도 풍장은 의자왕의 아들로 적혀 있다.

650년 기사에서 풍장은 '백제군 풍장, 그 아우 새성·충승 百濟君豊璋·其 弟塞城·忠勝(白雉 1)'이라고 해 아우들과 함께 보인다. 그런데 660년 시점 의 "왕자 풍장 및 처자를 그 숙부 충승 등과 더불어 王子豊璋及妻子 與其叔 父忠勝等(齊明 6)"라는 기록을 주시해야 한다. 전자에는 충승이 풍장의 아 우로, 후자에는 풍장의 숙부로 등장하기 때문이다. 충승이 풍장의 숙부라 면, 의자왕의 아우가 된다. 그렇더라도 풍장은 여전히 의자왕의 아들인 것 이다. 이렇게 보면 '그 아우 새성·충승'의 '그 아우'는, '의자왕의 아우'로 해 석해야 된다. 혹은 풍장을 주체로 한 '그 아우'의 범위를 새성에 국한시킨다 면, 충승은 풍장의 숙부가 맞다. 그리고 백강 패전 직후 항복한 백제인들 가 운데 '왕자 충승·충지(『삼국사기』 권 6, 문무왕 3년)'가 보인다. 그러나 무왕과 의자왕의 아들 모두 '왕자' 신분이므로 속단은 어렵다.

부여융은 의자왕의 원자였다. 그러나 부여풍은 의자왕의 몇째 왕자였는 지는 알 수 없다. 그럼에도 '故王子扶餘豊(『신당서』 권220상, 동이전 백제)'의 '故王子'를, '나이가 많은 왕자'의 뜻으로 받아들인 후, 풍이 융보다 먼저 태 자로 책봉되었다고 해석한다. 그러나 '故王子'의 '故'에는 '옛, 이전의' 뜻 이 적합하다. 나라가 망해 국왕도 없는 상황이었기에 '옛 왕자'의 뜻으로 사 용한 것이다. 그리고 의자왕 4년(3년)에 융을 태자로 책봉했는데, 풍이 융보 다 먼저 태자로 책봉되었다면 그 원년~2년 사이여야 한다. 그러나 기록도 없을뿐더러, 사실이라면 이례적으로 이른 책봉인 데다가 폐태자 기록은 물 론이고 그럴만한 정황도 보이지 않는다. 따라서 풍이 의자왕의 원자라는 추 정과 태자 책봉 추정은 수용하기 어렵다. 더욱이 풍은 631년에 왜로 건너간 이후 환국하지 않았다. 풍이 태자로 책봉되었다면 환국 기사가 보였어야 한다. 풍은 의자왕의 시야에서 사라졌다. 또 백제 조정에서 서서히 잊어진 인물이 되어갔다.

일본열도에 체류했던 풍은 643년 꿀벌 번식 관련 기사에 등장하고, 647년에 딸을 낳았다. 650년에는 왜 궁정에 모습을 드러냈다. 이로 볼 때 그는 왜에서 딸을 낳은 것인데, 문제는 풍의 배우자이다.

> 부여풍의 딸인 「부여씨 묘지」에 따라 부여풍의 태자 가능성이 제기되었다. 그러나 본 묘지는 부여풍 후손의 입장에서 부여융을 의식한 정통성 입장에서 서술했기에 그 신빙성에 대해서는 세심한 주의가 요망된다. 본 묘지에서 부여풍을 '대방태자'라고 했지만, 의자왕대에 태자를 칭한 인물이 5~6명에 달한다고 한다(장병진, 「백제 부여풍 후손의 행적에 관한 새 자료 - 조인본, 부여씨 부부의 묘지명 -」『역사와 현실』123, 2022, 251쪽). 그러므로 '대방태자'는 가문의 위격을 높이기 위해 후손들이 자의적으로 만든 존호로 보인다.

부여융의 융隆에는 '크다·높다·풍성하고 큼' 등의 뜻이 달렸다. 부여풍의 풍豐에는 '풍년·굽이 높은 그릇·넉넉하다'의 뜻이 붙었다. 모두 길상적인 의미를 담고 있다. 그런데 융은 백제 제25대 무녕왕의 이름과 동일하였다. 「부여융 묘지」에서는 그를 일러 "공은 어려서부터 빼어난 외모를 드러냈고, 일찍부터 자태가 빼어났다. 公幼彰奇表 夙挺瓌姿"고 했다. 훤칠하게 잘 생긴 융의 외모는, 선조 무녕왕을 연상시킬 수 있었다. 무녕왕의 용모를 『삼국사기』에는 "신장은 8척이요, 얼굴은 그림 같았고, 인자관후하여 민심이 귀부했다. 身長八尺 眉目如畫 仁慈寬厚 民心歸附"고 했다. 무녕왕은 8척 장신과 수려한 용모에 인자하며 너그럽고 후덕한 성정의 소유자였다.

융은 '다시 강국이 되었음 更爲強國'을 선포한 중흥의 조祖 무녕왕을 롤모델로 한 이름이었다. 고구려 제6대 태조왕과 제11대 동천왕이 함께 궁宮

으로 불리었다. 동천왕의 용모와 성정이 태조왕과 흡사한 특징을 지녔기 때문이다. 부여융이 이름과 자字를 모두 융으로 한 것은 풍왕과의 정통성 경쟁에서 비롯한 것으로 보였다. 융과 대척되는 풍장豊璋의 '장'에는 '반쪽 홀笏·밝다' 등의 의미가 붙는다. 그러한 풍왕의 당초 이름은 규해糾解였다. 그가 풍豊으로 개명한 데는 부여융의 '융·창隆昌'함에 대응하는 '풍성豊盛' 개념에서 나온 것으로 보인다. 게다가 풍장의 '장'은 무왕의 이름이었다. 강대한 국가를 만든 조부 무왕이 지닌 굳센 이미지를 롤 모델로 삼고자 한 것 같다. 개명 시점은, 그가 백제 왕으로 옹립되어 즉위할 무렵으로 보였다.

이렇듯 융과 장은 각각 제25대 무녕왕과 제30대 무왕의 이름이었다. 뒤에서 언급하겠지만 복신(귀실복신)의 경우도 무왕의 조카였던 왕족의 이름을 모칭한 것이다. 선조 이름 모칭 사례는 부여융 정권과 풍왕 정권이 서로 백제 왕실의 적통임을 과시하고 경쟁하는 상황에서 비롯하였다. 이 점 분명히 명시하지 않을 수 없다.

무왕은 누구인가

부여융과 부여풍은 모두 무왕대에 출생했다. 그러면 부여융의 조부요, 부여풍의 롤 모델 무왕은 어떤 인물이었을까? 「부여융 묘지」에 따르면 "할아버지 장은 백제국 왕이었다. 온화하여 겸손하고 청수했으며, 재능은 출중하였다. 祖璋 百濟國王 冲撝淸秀 器業不群"고 했다. 『삼국사기』에서는 "풍모가 영특하고, 뜻과 기상이 호기롭고 걸찼다. 風儀英偉 志氣豪傑"고 하였다. 『삼국유사』에서는 "그릇과 도량을 헤아리기 어려웠다. 器量難測"고 했다. 이러한 성정 기록은 일생에 대한 총평 성격을 지녔다. 모두 긍정적인 평가가 붙었다. 더욱이 시호인 '무武'는 중시조적인 의미를 지녔다.

출생과 관련해 무왕은 법왕의 아들로 적혀 있다. 『삼국유사』에는 "어머니는 과부가 되어 서울 남쪽 못가에 집을 짓고 살다가 못의 용과 관계하여 낳았다. 母寡居築室於京師南池邊 池龍交通生"고 했다. 이러한 출생 설화에 따르면 용은 왕을 상징한 데다가 무왕이 즉위한 것을 보면, 왕자인 것은 분명하다. 문제는 어머니가 과부라는 것과 출생지이다. 먼저 출생지에 대해서는 『신증동국여지승람』에서 "마룡지馬龍池 : 오금사五金寺 남쪽 백여 보步에 있다. 세상에 '서동대왕薯童大王의 어머니가 집을 지었던 곳으로 전한다"고 했다. 무왕의 어머니가 살았던 '서울 남쪽 못'이 곧 익산 마룡지인 것이다. 그리고 "오금사五金寺 : 보덕성 남쪽에 있다. 세상에서는 서동이 어머니를 지극한 효로 섬겼다고 전하는데, 마를 캐던 땅에서 갑자기 오금을 얻었고, 뒤에 왕이 되자 그 땅에 절을 지었기에 오금사라 이름했다"고 한다.

『삼국유사』에서 무왕은 "나는 어릴 적부터 마를 캐던 곳에 황금을 흙처럼 많이 쌓아 두었다"고 하였다. 서동이 용화산龍華山 사자사師子寺 지명 법사知命法師를 만난 장소 역시 익산이었다. 익산은 『삼국유사』에 수록된 무왕의 출생 장소이자 청춘 시절 활동 무대였다.

다른 반대되는 기록이 없으므로 무왕은 익산 출생이 분명한 것 같다. 실제 서동 생가터(금마면 서고도리)로 전해지는 구간이 남아 있다. 그러면 익산에서 살았던 과부와 용으로 상징되는 백제 왕과의 결합을 어떻게 해석해야 할까? 무왕의 아버지인 법왕의 익산 경영을 가리키는 증좌로 보인다. 그런

전주에서 보이는 익산 금마산(미륵산).

서동의 성장 시절 설화가 남아 있는 오금산이 보이는 익산 마룡지.

무왕 생가터에서 발굴된 백제 저온 저장 시설.

무왕 생가터에서 수습한 백제토기편들.

데 지룡池龍은 누구도 볼 수 없고 검증도 불가한 존재이다. 과부로 상징되는 혼자 사는 여인이 임신해 아버지가 불분명한 아이를 낳은 것은 팩트에 속한다. 지고지존至高至尊한 태양이 등장하는 건국자 부여 동명이나 고구려 추모 설화에 버금가는 용을 등장시킨 것이다. 무왕 출생설화는 국가 시조 설화에 해당하므로 중시조에 해당하는 위상을 지녔다. 이와 관련해 창녕 조씨 曺氏 시조 설화에도 화왕산 용못의 신룡과 관계해 시조를 낳았다고 한다.

　무왕 일생일대에서 가장 조명받은 일은 신라 선화 공주와의 혼인과 익산 왕도 경영이었다. 마를 캐며 생업으로 삼던 맏동 즉 서동이 신라 진평왕의

왕궁평성.

셋째딸이 아름답다는 말을 듣고 적국에 뛰어 들어가 모략으로 꾀어 데리고 왔다는 내용이다. 극적인 면도 있어 재미 있지만 실제 그러한 일이 빚어졌을 것 같지는 않았다. 그런데 2009년 1월, 해체 중이던 미륵사 서탑에 부장되었던 「사리봉안기」를 통해, 무왕의 배우자로 좌평 사탁적덕의 딸을 접하였다. 이로 인해 서동 설화를 부정하는 견해가 제기되었다. 그러나 미륵사 3탑 가운데 하나인 서탑에 부장된 봉안기 기록에 불과하였다. 동탑도 존재했을 뿐 아니라 가장 중요한 중탑에도 봉안기가 부장되었을 것이다. 그러므로 ⅓ 지분을 놓고 미륵사 전체를 규정 지을 수는 없지 않은가?

무왕의 왕비 문제는 의자왕의 생모 문제와 직결된 중요한 사안이었다. 긴 설명할 것도 없이 「사리봉안기」에서 사탁씨 왕후는 남편인 무왕의 천수만 염원하였다. 그때가 639년이므로 641년 3월에 사망한 무왕에게는 2년도 채 남지 않은 시점이었다. 이럴 경우는 후계자의 존재가 부각될 게 자명하고, 실제 의자 태자가 엄존하고 있었다. 그럼에도 사탁씨 왕후는 태자에 대한

미륵사 모형.

언급을 전혀 하지 않았다. 1466년(세조 12)에 「조성된 상원사 문수동자상 발원문」에는 "주상전하·왕비전하·세자저하 만세만세만만세"라고 하여 국왕·왕비·세자의 수복강녕을 함께 기원하였다. 「천성산 관음사 대세지보살 복장기」에는 세자로 책봉되지도 않은 연산군의 6세 원자까지도 발원 대상에 적혀 있다. 송광사에 소재한 고종의 왕비 민씨의 추복 전패殿牌에도 고종과 아들인 세자 순종이 함께 명시되었다.

일상적인 관념에서 볼 때 남편 무왕 사후 사탁씨 왕후가 필시 의존해야할 대상은 태자 의자였다. 그러나 의자 태자는 「사리봉안기」에서 보이지 않았다. 이 사실은 두 사람이 친모자 간이 아님을 반증한다. 그렇지 않고서는 해석되지 않은 사안이다. 게다가 의자 왕자가 태자로 책봉된 시점도 무왕 33년이었다. 백제 왕실에서의 일반적인 태자 책봉 시점과는 달리 너무 늦은 것이다. 이러한 비정상적인 상황은 의자 태자의 어머니가 선화 왕후일 때 이해가 될 수 있다.

국제 결혼은 어떻게 가능했는가

무왕과 선화 왕후와의 혼인은 왕실 간 국제혼이었다. 무왕이 즉위 후 혼인한 게 아니었다. 그러므로 무왕의 혼인에는 부왕인 법왕의 의지가 작동했다고 본다. 그렇지 않고서는 이해할 수 없는 일이다. 무왕의 부왕 법왕法王은 시호 그대로 부처를 가리키니 현생現生 부처를 뜻한다. 석가모니 부처는 과거불이지만 시호 법왕은 '현재 부처'라는 뜻이다. 이러한 법왕이 통치했을 때 조치는 가위 파격적이었다. 법왕은 즉위와 동시에 영을 내려 살생을 금하고 민가에서 기르던 매와 새매를 거두어 풀어주고, 물고기 잡고 사냥하는 도구들을 불태워 버리게 했다.

법왕은 땅 위를 걷는 짐승, 물 속에 사는 모든 물고기들, 하늘을 나는 새들에 이르기까지 일체 살생을 금하였다. 법왕은 피비린내 나는 살육과 살생이 없는 태평한 세상을 구현하고자 했다. 태자 시절 법왕의 오합사 창건도 더 이상의 살육에 종지부를 찍고 평화로운 세상, 낙토를 구현하려는 염원의 표출이었다.

국왕이 수범을 보이니 일반 백성은 말할 것도 없고, 왕족과 귀족들도 채식하는 풍토가 조성되었을 것이다. 중국 사서인 『수서』에서는 "(백제에는) 오곡·소·돼지·닭이 있는데, 대부분 불에 익혀 먹지 않았다. 有五穀·牛·猪·雞 多不火食"고 했다. 백제에서는 음식물을 불에 익히거나 삶아 먹지

백제 오합사의 후신인 통일신라 성주사터.

않았다고 하였다. 그렇다고 백제인들이 짐승을 죽여 육회로 먹었다는 이야기는 아닐 것이다. 채식 위주의 식문화를 가리킨다고 본다. 법왕의 아들인 무왕대에도 짐승살륙을 금지했다면 얼마든지 가능한 식문화 풍속이 아닐까. 조선에서는 흉년에나 먹는 구황 작물인 마薯가 이 때는 일상에 널리 퍼진 것 같다. 마를 팔아 생계를 꾸렸다는 서동 왕자 이야기는 이러한 정서에서 나

법왕이 태자 시절에 창건한 성주사 전신 오합사 창건 내력이 적힌 통일신라 비석 조각. 비문에 보이는 '백제국 헌왕태자'의 '헌왕'은 혜왕이다. 그러한 혜왕의 태자는 법왕을 가리킨다.

온 듯하다. 백제에서는 육식을 금했기에 화식 자체가 없었지만, 곡식은 화식을 했을 것이다.

법왕의 금살령은 백제 사회에서 일대 혁명적인 사건이 되었을 것이다. 손쉽게 얻을 수 있는 해산자원이 풍부한 나라가 백제였다. 밀렵에 대해서도 엄혹한 처벌이 따랐을 것이다. 법왕은 불국토 국가를 구현하기 위해 실천 가능한 조치로 살생부터 금했다. 그러나 법왕의 거룩한 이상과는 달리 백성들의 현실적인 고통과 불만은 적지 않았을 것 같다.

부처 왕은 혜왕이 사망한 599년에서 600년 5월까지, 1년 정도 재위했다. 혜왕의 "혜"는 은혜의 뜻이었고, 아들 법왕의 또 다른 이름 선宣은 '베풀다'의 뜻을 지녔다. 혜왕과 법왕 부자의 이름을 합치면 '은혜를 베풀다'는 뜻이다. 짧게 세상을 다스리다가 건너갔지만 중생들에게 베푼 자비는 적지 않았고, 또 여운도 길었을 수 있다.

살생과 전란이 없는 세상을 구현하고자 한 법왕의 아들이 무왕이었다. 의자왕의 출생년이 595년 경이라면, 무왕 출생은 570년 무렵을 상정할 수 있다. 위덕왕 통치기에 무왕은 태어난 것이다. 의자왕이 출생할 수 있는 595년 무렵은 위덕왕 치세의 끝자락이었다. 적자가 없는 고령의 위덕왕 재위 말엽이나 혜왕 시절의 태자 효순孝順 즉 법왕은 실세였다. 위덕왕 사후 왕위는 아우인 고령의 혜왕에서 법왕으로 넘어오는 예견된 상황이었다. 효순 태자에게 힘이 붙는 것은 자명하였다. 그는 자국 군대와 싸우다 전몰한 적국 고구려 병사들 혼령의 승천을 위해 오합사를 창건했다. 무한 자비심을 가진 효순 태자였다. 효순 태자는 구수仇讎 사이인 신라와의 갈등과 살생을 종식시키려고 했다. 그랬기에 자신의 아들과 신라 공주와의 혼인을 추진했던 것 같다.

국제혼이자 왕실 간의 혼사는 숱한 반대와 곡절이 놓여 있었을 것이다. 그러나 부처 왕으로 평가받은 아버지 효순 태자의 강력한 의지에 의해 성사된 것으로 보인다. 서동 설화는 이때의 혼인을 극적으로 꾸미고 재미나게 구성한 것이었다.

익산 왕도

부처 왕의 아들 무왕은 나성羅城 8km로 에워싸인 사비도성의 인구압이라는 현실 문제에 봉착했다. 6만 명 이상이 거주하는 도성에서는 더 이상 여유 공간이 없었다. 사비도성은 백마강이 북과 서, 그리고 남으로 휘감아 돌고 있었다. 동쪽 외에는 출구가 없었다. 동나성에는 잇대어 능사陵寺와 왕릉원이 자리잡았다. 도시를 확장할 수 있는 더 이상의 공간은 보이지 않았다. 무왕은 꽉막힌 공간이 주는 답답함을 일거에 해소하고자 했다. 무왕은 인구압 해소와 왕권 강화라는 차원에서 신수도 경영을 단행하였다.

숱한 지역 가운데 지금의 익산 왕궁면 일대가 신도시 형태의 도성이 된 데는 몇 가지 측면이 고려되었다. 익산은 서동 설화에서 보듯이 무왕의 성장지였다. 자신의 정치적 기반이었던 익산을 새 왕도로 삼는 것은 가능 요인이었다. 그러나 천도는 정치적 의지만으로는 풀 수 없는 고난도 방정식이었다. 그럼에도 익산은 부여가 갖지 못한 특장을 지녔다. 주변에 비옥한 농경지를 끼고 있었을 뿐 아니라 통치와 팽창에 필요한 교통의 요지였다.

무왕이 천도가 아닌 2곳의 왕도 운영 체제로 전환한 요인은, 귀족들의 반발을 잠재울 수 있는 가장 유효한 방편이었기 때문이다. 복도複都 운영을 선포한 후 무왕은 익산으로 거처를 옮겼다. 이 상황은 실질적인 천도나 진배 없었다. 귀족들의 반발을 극소화시킨 매끄러운 천도가 복도 체제였다. 이 사실은 "사비의 궁을 중수하였고, 왕이 웅진성에 행차했다. 여름에 한발이 들어 사비의 역役을 정지하고 7월에 왕은 웅진으로부터 돌아왔다(『삼국사기』 권27, 무왕 31년)"는 기사에서 무왕이 웅진성에서 돌아온 곳은, 중수 공사 중인 사비궁이 아니었다. 제3의 장소인, 이 곳은 익산일 수밖에 없었다. 무왕의 상주지가 금마저 왕궁이었음을 반증한다.

익산에 소재한 '궁남지'

익산에서의 왕도 경영은, '궁 남쪽에 소재한 못'이라는 뜻을 지닌 '궁남지'의 위치 확인에서도 드러난다. 궁남지는 무왕 35년(634)에 20여 리 바깥에서 물을 끌어당겨 조성한 인공 못이었다. 이 궁남지는 부여 궁남지가 될 수 없다. 현재 부여 궁남지는 불과 1km 안팎에 소재한 백마강을 통해 물을 끌어 올 수 있었다. 20여 리 바깥에서 물을 끌어 당긴 궁남지 입지 기록과는

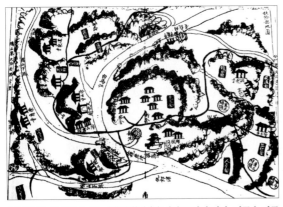

『여지도서』 부여현 조에는 '평제탑'과 '미륵'이 그려져 있다. 이곳은 지금 의 '정림사지'인데, 문제는 궁남지로 지목할 수 있는 못은 보이지 않는다.

익산 고지도에 보이는 왕궁 평성탑과 그 남쪽의 입석제.

전혀 맞지 않았다.

게다가 궁남지 발굴 결과 "현재의 궁남지에서는 기록에 보이는 연지조성 근거가 확인되지 않았다. 우선 인공적으로 연못을 팠던 흔적이 확인되지 않 았고, 물을 끌어들이기 위한 도수시설과 물을 연못 내부로 유입하는 입수 구, 물을 연못 바깥으로 빼 내는 출수구 등의 여부도 미지수이다. 또한 연 못 내부의 섬과 사방의 언덕 등도 확인해야할 과제로 남아 있다. … (국립부 여문화재연구소, 『宮南池Ⅲ』 2007, 145~148쪽)"며, 백제 궁남지를 회의적으로 보았다. 조선시대 부여 관련 지리서를 비롯해 고지도에도 궁남지는 보이지 않았다. 반면 익산 왕궁평성 남쪽에 궁남지가 소재했다면, 만경강에서 물을 끌어당기면 8km이므로 '20여 리' 기록과 부합한다.

왕궁평성(王宮坪)은 익산 군치郡治 남쪽 5리에 소재했다(『신증동국여지승 람』). 『여지도서』에 따르면 군치 남쪽 10리에 입석제立石堤·내제·외제·갈전 제가 소재하였고, 15리와 20리 지점에는 흑석제와 장연제가 있었다. 무왕 대 궁남지 후보에 속하는 익산 관내 제방들이다. 이들 제방 가운데 왕궁평 성에서 가장 가까운 남쪽 못인 입석제가 궁남지였을 가능성이 높다.

미륵의 세상, 그리고 낙토로 가는 이상향

무왕은 미륵신앙의 메카로서 거대 가람 미륵사를 창건하였다. 무왕은 사역寺域에 들어온 사람들이 지상에 있는 동안 미륵의 세상을 체감하게 하려고 했다. 미륵사는 감미롭고 은은한 분위기에 웅장하지만 아름다운 미륵의 세계를 재현한 지상 모형이었다. 그리고 지상에서 미륵의 세상으로 가는 중간 경유지에 무왕의 역할을 설정했다. 무왕은 미륵을 영례迎禮했으니 전륜성왕인 것이다. 전륜성왕은 정법正法으로 세상을 다스리고 정복하는 군왕이었다. 미륵사 창건은 무왕의 역할로 미륵의 세상이 구현된다는 확고한 메시지였다.

새 왕도 이름인 지모밀지枳慕蜜地에는 유독 꿀냄새 많이 나는, 헛개(호깨)나무 무성한, 그리워하는 달콤한 꿀 같은 땅이라는, 이상향 낙토樂土 메시지를 담았다. 그런데 '지枳'에는 탱자나무의 뜻도 있다. 이곳을 다녀간 서울대

미륵사지 전경.

교수 민두기(1932~2000)의 56년 전 자작시에서는 "탱자나무 울타리에 하얀 수줍음이 되었다"고 읊조렸다. 왕궁평성이야 말로 탱자나무 자라는 이상향인 것이다.

이상향 익산에는 최첨단 문명이 자리잡았다. 익산 왕궁평성에서는 상수관 시설이 확인되었다. 로마에 견줄 수 있는 높은 문명 수준을 헤아릴 수 있다. 게다가 최근 익산에서는 오늘날 냉장고와 같은 기능을 했던, 외부 공기가 드나드는 통기구通氣口까지 갖춘 저온 저장 시설이 확인되었다. 이곳에서는 참외·들깨·딸기 속·다래·포도 속·산뽕나무·밀·조·팥 등의 작물이 보관되어 있었다. 부여 관북리 유적의 과일 목곽보다 진일보한 저장 시설이었다. 이렇듯 익산 왕도는 무왕이 차곡 차곡 구현해 나간 체감體感 이상향이었다.

2

···

의자왕 시대의 융과 풍

의자왕의 등장

　은인자중 인고의 세월을 견뎌 온 의자왕이 즉위했다. 641년 3월 무왕이 사망하였다. 641년 5월 당 태종은 백제 사신을 통해 무왕의 사망 소식을 접했다. 태종은 사부낭중祠部郎中 정문표鄭文表를 보내 의자왕에게 부왕의 지위를 승계하게 하고 대방군왕帶方郡王에 책봉하였다. 8월에 의자왕은 사신을 보내 당 태종에게 감사를 표하고 방물을 바쳤다.

　의자왕의 공인받은 왕좌는 확고해졌다. 백제 국내에서는 그 누구도 흔들 수 없었다. 의자왕은 즉위식을 642년 정월에 가졌다. 백제 당시의 기년법에 따르면 642년 정월부터가 의자왕의 재위 원년이다. 공식적인 의자왕의 역사는 642년부터였다. 의자왕은 642년 정월에 사신을 당에 보내 조공했다. 자신의 즉위를 알리는 의례였다. 2월에 의자왕은 지방을 가리키는 주군州郡을 돌면서 민심을 다독이는 순무巡撫를 하였다. 이때 그는 갇힌 자들을 살펴서 죽을 죄를 지은 자를 제외하고는 모두 용서했다. 자애로운 인의仁義와 덕화德化 군주의 모습을 한꺼번에 보여준 것이다. 전례 없는 일이었다. 깊숙한 구중궁궐 속이 아닌, 언제라도 민심을 읽고 소통하는 백성 곁의 군왕 상像을 보여 주었다. 당시 칭송받고 있는 의자왕에게는 잠재적 정적밖에 없었다. 이를 제외하고는 의자왕에 대한 깊은 반감을 품은 이는 존재하지 않았다.

　혹자는 642년 의자왕이 민심을 다독인 위민정치를, 국주모 사망에 따른 정변의 후유증을 다스리는 행위로 간주했다. 의자왕이 단행한 정변을, 즉위년인 642년으로 지목한 것이다. 그러나 정변 직후 그 주체가 지방을 순행하는 일은 위험하기 짝이 없다. 비유한다면 곳곳에 숨겨진 시한폭탄의 숲과 도처에 깔린 부비트랩을 피해야하기 때문이다. 정변의 반격 기제에 노출된 상황을 예상해야만 했다.

일례로 연개소문 사망 직후 막리지가 된 남생이 지방을 순무할 때였다. 남생의 아우인 남건과 남산이 작당해 남생의 아들 헌충을 죽이고, 남건이 막리지가 되었다. 아우들로부터 불의의 기습을 받은 남생은 국내성으로 피신했다가 당으로 망명했다. 이렇듯 국주모나 연개소문 같은 절대권력자 사후 도성을 비우는 일은 고려하기 어렵다. 더욱이 정변의 주체가 백성들과 접촉하는 일은 극도의 위험 부담을 각오해야만 한다.

혹자는 의자왕의 지방 순무에 별다른 이상이 없었던 사실에 비추어 정변에 의해 제거된 세력들의 저항이 없었다는 증거로 해석했다. 그러나 정변 시점이 642년 정월이 아니었기에 그해 2월 의자왕의 지방 순무가 가능했다는 해석은 할 수 없을까? 누가 보더라도 정변 1개월 내에 지방 순무는 자연스럽지 않다. 그리고 혹자는 의자왕의 대신라전을 정통성 확보에 두었다. 그러나 의자왕은 무왕의 서출이나 말자末子가 아니라 원자였다. 게다가 그는 태자로 책봉을 받은 합당한 2인자로서 즉위하였다. 그러므로 국왕으로서 의자왕의 지위에 대한 정통성 시비 자체는 존재할 수 없었다. 만약 의자왕이 정통성에 흠결이 보였다면, 막연히 '정통성 운운'할 게 아니라 구체적으로 '정통성 하자'를 거론했어야 할 것이다.

혹자는 의자왕을 『삼국사기』에서 '적자嫡子'가 아니라 '원자'로 기록했기에 '정실 소생이 아니다'고 했다. 그러나 『삼국사기』에서 '적자'로 기록된 왕은 없었다. 비근한 예로 고구려 광개토왕의 아들인 장수왕을 비롯해 백제 2대 다루왕, 3대 기루왕, 15대 침류왕, 17대 아화왕, 18대 전지왕, 27대 위덕왕 등등 모두 '원자'였다. 게다가 후백제 진훤 왕의 큰아들인 신검이 이복동생을 제거하면서 일으킨 정변 직후 반포한 교서에서 "상제께서 … 맏아들인 나에게 명하여 이 한 나라를 다스리게 하셨다. … 上帝降衷 君子改過 命我元子 尹玆一邦 顧非震長之才"고 하였다. 장남인 자신의 승계의 합당성을 공표하면서 '원자'라고 했다. 이렇듯 '원자'를 정실 소생이 아니라고 한 기록은 그 어디에도 없다.

공자의 제자인 증자曾子와 민자閔子를 합친 인물로 의자왕은 숭앙받았다. 중국 사서에서는 그를 일러 '해동증민海東曾閔'이라고 하였다. 의자義慈 이름 그대로, 의롭고 자애로운 성군聖君의 탄생이었다. 바야흐로 의자왕 '증민曾閔의 치治'가 도도하게 열린 것이다.

내부적으로 민심을 다독이고 규합한 의자왕은 외적으로 가시적인 성과를 올려야 했다. 누구나 피부로 느끼고 눈으로 볼 수 있는 성과는 땅을 넓히는 영토 확장이었다. 대상으로는 적국 신라를 겨눌 수밖에 없었다. 의자왕에게 신라는 모후의 친정이었다. 의자왕은 외가인 신라 왕실을 타멸하는 게 궁극의 목표였다. 국내의 숱한 이들과 정적들이 눈에 불을 켜고 주시한 사안이 의자왕의 신라에 대한 태도였다. 이러한 의구심을 일거에 해소할 수 있는 방법이 있었다. 의자왕이 몸소 군대를 이끌고 나가 신라를 유린하는 것이다.

합천 대야성 전투 때 백제군과 싸우다 전사한 신라인 죽죽을 기리는 비.

즉위 원년인 642년 7월, 의자왕은 몸소 군대를 이끌고 신라를 침공해 미후獼猴 등 40여 성을 일거에 함락시켰다. 놀랄만한 전과였다. 승세를 타고 의자왕은 8월에 장군 윤충에게 1만 명을 붙여 대야성을 공격하게 했다. 신라의 실권자인 김춘추의 사위 김품석이 성주로 있던 요진要鎭이었다. 이 싸움에서 윤충은 김품석 부부를 생포해 죽인 후 머리는 왕도로 보냈고, 시신은 옥獄에 묻었다.

　그런데 대야성 대승은 백제에게는 양날의 칼과 같았다. 김춘추의 충격과 복수심을 야기했기 때문이다. 김춘추는 즉각 북에 올라가 고구려에 지원을 요청하였다. 그러나 김춘추는 빈손으로 돌아왔다. 사태를 예의주시했던 명석한 의자왕은 643년 11월 고구려와 화친했다. 고구려가 신라의 요청을 받아들이지 않았다는 점과 차제에 발생할 수 있는 고구려와 신라의 연화連和를 차단하기 위해서였다. 의자왕은 475년 겨울 개로왕이 고구려군에 피살된 이래의 구원舊怨을 털어버린 것이다. 피해자인 백제가 손을 내민 형식이었다. 그러니 화친은 용이해질 수밖에 없었다. 의자왕은 승전에 도취하지 않고 즉각 고구려와 손을 잡았다. 깊이 도모하고 멀리를 헤아리는 심모원려深謀遠慮였다.

　의자왕은 고구려와 손을 잡은 즉시, 신라가 당으로 가는 통로인 당항성(경기도 화성)을 빼앗고자 했다. 군대를 일으켜 당항성을 공격하자, 선덕여왕이 당에 구원을 요청하였다. 이 소식을 접한 의자왕은 즉각 군대를 돌렸다. 의자왕은 자신의 즉위를 승인해 주었고, 상호 적대 행위가 없는 당을 거스르는 일을 굳이 할 이유가 없었다. 의자왕은 즉각 당에 사신을 보내 틈이 벌어지지 않게 만전을 기했다.

부여융의 등장

의자왕은 후계 문제를 고려하지 않을 수 없었다. 657년 의자왕은 41명의 서자에게 좌평을 제수하고 식읍을 내려주었다. 의자왕에게는 많은 왕자들이 존재했고, 왕비의 숫자도 적지 않았음을 헤아릴 수 있다. 의자왕이 많은 왕비를 거느리게 된 배경은 정략 결혼의 산물로 보아야 한다. 의자 왕자가 태자로 책봉된 이후부터 즉위 가능성이 거의 확정적이었기 때문이다. 왕자 시절부터 태자 시절에 이르기까지 의자왕의 배필은 급증할 수 있었다. 의자왕은 "부모에게 효도하고, 형제 간에 우애가 있었다"는 원만한고 반듯한 성정의 소유자였다.

의자왕은 왕자 시절인 631년, 아들인 부여풍과 선광을 왜에 질자로 보냈다. 그가 여러 왕자 가운데 부여풍과 선광을 왜에 보낸 배경은 알려져 있지 않다. 즉위가 유력한 의자 왕자는, 왜와의 소통 창구이자 연결 채널로 부여풍을 보냈던 것 같다. 의자왕은 왕자들에 대한 역할 분담과 공간적 정리를 통해 자신의 힘을 확장시키는 기제로 삼았다.

644년(의자왕 3) 부여융은 태자로 책봉되었다. 만천하에 백제 국정의 제2인자이자 의자왕의 후계자로 공표된 미래 권력이었다. 그의 연령은 30세였다. 왕실을 넘어 국가 경축일이었다. 경사스러운 일이었으므로 의자왕은 대사大赦 즉 대사면을 단행했다. 의자왕은 즉위 기념으로 642년에, 죽을 죄를 제외한 죄수들에게 단행한 이래 두 번째 사면이었다.

신라와의 전쟁에서 거듭 대승을 거둔 의자왕이었다. 그는 넓어진 광대한 영역을 물려줄 수 있는 후계자를 기분 좋게 확정한 것이다. 의자왕 역사의 공식 출범 시점인 642년에 부여융은 27세였다. 그는 의자왕의 왕자~태자 시절에 이미 혼인해 다수의 자녀들을 거느린 상황이었을 것이다. 631년 당시 의자왕에게는 왜에 볼모로 보낼 수 있는 풍장과 선광이라는 아들이 존재하였다.

태자 부여융은 615년생이다. 풍장이 616년 출생이라면, 631년에는 16세였다. 풍장은 선광과 함께 10대 소년의 몸으로 왜로 건너 간 것 같다. 풍장의 연령이 부여융보다 위일 가능성이야 배제할 수 없지만 근거는 없다. 부여융은 태자로 책봉되었고, 또 반대 자료가 없으므로 의자왕의 원자로 볼 수밖에 없다. 의자왕은 자녀가 많았기에 많은 자녀들을 여러 곳에 배치하는 형식으로 파견한 것 같다. 특히 풍장은 부여융을 위협할 수 있었다. 이로 인해 의자왕은 융의 이복동생인 풍장을 일찌감치 왜로 보냈던 것 같다. 의자왕의 원자 관리 차원으로 보였다.

조부인 무왕의 명을 받고 부여융은 23세인 637년(무왕 38) 12월 당에 조공했다. 그런데 태자로 책봉된 632년(무왕 33) 이래 의자 태자가 실권자였던 것 같다. 무왕은 태자인 의자가 당에 입조入朝하는 것을 원했을 수 있다. 이때 무왕은 고령이었다. 그랬기에 의자 태자가 당에 들어간 사이에 자칫 무왕 사망으로 인한 권력 공백을 비롯한 사단을 우려하지 않을 수 없었다. 의자 태자는 정적인 국주모 사탁씨 왕후를 의식하지 않을 수 없었을 것이다.

당시 실권자인 의자 태자는 자신의 여러 아들 가운데 원자인 부여융을 자신을 대신해 파견한 것으로 보인다. 무왕의 원손元孫인 부여융을 수반으로 한 백제 사신단은 당 태종에게 철제 갑옷鐵甲과 조부雕斧를 바쳤다. 이때 바친 철제 갑옷은, 빛이나는 도료塗料인 황칠을 겉에 바른 백제의 특산 명광개明光鎧로 보인다. 그러자 당 태종은 몹시 기뻐하며 비단 도포와 채색비단 3천 단段을 예물로 내려주었다. 포부가 크고 호기심 많은 청년 부여융으로서는 당인唐人, 그리고 당 제국과의 최초 스킨십이었다. 황궁의 위압적인 규모, 이로 인해 거대 제국에 대한 심리적 압도, 넘치고 풍요로운 물산, 우마가 쉴새없이 지나가는 넓직한 도로, 융에게는 하나같이 경이와 경외감 그 자체였다. 그가 친당의 길을 걸었던 데는 이때의 체험이 주효했던 것 같다.

「부여융 묘지」

의자왕의 아들 부여융(615~682)은 백강 대전大戰 후, 백제 옛 땅에 설치된 당唐의 군정기구인 웅진도독부熊津都督府의 수반首班인 웅진도독이었다. 그의 묘지석은 1920년 중국 허난성 뤄양의 북망산에서 출토되었다. 중국의 저명한 금석문 학자인 로전히羅振玉(1866~1940)에 의해 판독 조사가 1921년부터 이루어졌다. 같은 해 일본 교토제국대학의 나이토우 고난內藤湖南(1866~1934)이 로전히로부터 이 자료를 제공받아 『예문藝文』 1월호에 소개하였다. 「부여융 묘지」는 그 이듬 해인 1922년에 간행된 『조선금석총람朝鮮金石總覽』 보유편補遺篇에 수록되어 연구 자료로 이용되게 했다. 현재 묘지석은 허난성 카이펑도서관開封圖書館에 소장되어 있다.

부여융 묘지석은 가로 세로 모두 58cm인 정방형이다. 가로와 세로를 교차시킨 괘선罫線을 그어 방안方眼을 만들고 그 안에 글자를 한 자씩 새겨 넣었다. 모두 26행인데, 1행마다 27자에 모두 669자이다. 서체는 간간히 예서가 섞여 있지만 주로 해서楷書이며, 묘지의 상태는 3자 정도를 제외하고는 거의 판독이 가능하다.

「부여융 묘지」는 전체 문장이 서序와 명銘으로 구성되어 있다. 묘지에는 지은이와 글쓴이의 이름은 기록되어 있지 않다. 그런데 묘지의 제액題額인 '대당·고광록대부·행태상경·사지절·웅진도독·대방군왕·부여군 묘지 大唐故光祿大夫行太常卿使持節熊津都督帶方郡王扶餘君墓誌'는 다른 묘지와는 달리 맨 끝에 적혀 있다.

「부여융 묘지」는 내용 구성상 4단락으로 나뉘어진다. 제1단락은 첫 줄부터 5행 15줄까지이다. 부여융의 이름과 자字 및 출신지와 더불어 조부인 무왕과 부父인 의자왕이 당으로부터 받은 관작官爵과 품성이 적혀 있다. 부여융의 이름과 자는 모두 '융'이었다. 이는 25대 무녕왕의 이름과 동일했다.

그런데 부여융의 출신 '백제진조인百濟辰朝人'은 해석이 분명하지 않다. 다만 '진辰'에는 '때時'의 의미가 있다. 왕실을 조가朝家라고 하므로 '조인朝人'은 왕족의 뜻이다. 그러므로 '백제진조인'은 '백제 때 조인' 즉, '백제 때 왕족'으로 해석할 수 있다. 그리고 고구려 보장왕의 손자인 고진高震의 묘지에서 그의 출신을 "부여扶餘의 귀종貴種이며 진한辰韓의 영족令族이었다"고 하였다. 그러므로 '진조인' 또한 허사虛辭일 가능성을 배제하기 어렵다.

제 2단락은 5행 16줄부터 20행 9줄까지인데, 수사적 칭송을 동원해 부여융의 품성과 생애를 서술하였다. 즉 부여융의 고결한 품성과 학덕 그리고 지혜와 더불어, 백제 멸망 후 일어난 국가회복운동을 언급했다. 당이 현경顯慶 연간(656~660)에 백제를 정벌했으나 "마한에 남아 있던 무리들이 이리와 같이 마음을 고치지 않고, 요해遼海 바닷가에서 올빼미처럼 폭력을 펼쳤으며, 환산丸山 지역에서 개미떼처럼 세력을 규합하였다"고 했다. 이어 그가 웅진도독과 백제군공百濟郡公에 봉해진 후 웅진도총관熊津道摠管 겸 마한도안무대사馬韓道安撫大使로서 자국의 회복운동을 진압하는데 공을 세웠음을 시사했다. 그 후 당으로 들어갔고 68세에 사망하자 영순永淳 원년(682) 뤄양 북망 청선리淸善里에 묻혔음을 적었다.

제 3단락은 20행 10줄부터 25행 26줄까지인데, 부여융의 생애를 칭송한 명銘이다. 명에는 '하백의 손자로서 상스러움을 드러냈다. 河孫效祥'는 구절이 있다. 이는 묘지 첫줄의 '元△△孫啓祚'라는 문구와 연관이 있어 보인다. 결

「부여융 묘지」 탑본.

락된 글자는 백제 왕실의 기원을 말하고 있는 듯한데, '원조이신 하백의 손자께서 나라를 열으시어 元祖河孫啓祚'로 추정해 왔다. 그러면 「지안 고구려비문」에서 "원왕을 받들고부터, 시조 추모왕이 기업을 여셨다. 自承元王 始祖鄒牟王之創基也"는 구절을 본다. 여기서 '自承'은 "대보를 받들고부터 自承大寶(『번암집』 祭文)"라는 용례가 있다. 따라서 "원왕을 받든 이래로 시조 추모왕이 기업을 여셨다"는 뜻이다.

고구려 시조 이전의 존재로 '원왕'이 등장한다. 본 묘지명도 '원왕하손계조 元王河孫啓祚'로 추독할 수 있다. 그러면 '원왕이신 하백 손자께서 나라를 열으시어'라는 의미이다. 여기서 원왕≠추모왕(「지안 고구려비문」)이므로, 원왕=하백 손자(「부여융 묘지」)는 추모왕이 될 수 없다. 원왕은 동명왕을 가리키는 것 같다. 그리고 명에서 '은택은 사수로 흘러 澤流溮水'라는 구절에 보이는 '사수'는, 「천남산 묘지」에서 부여 시조 동명이 물고기와 자라떼의 도움을 받아 건넌 하천이었다. 즉 "옛적에 동명은 기에 감응하여 사천을 넘어 나라를 열었고, 주몽은 태양에 잉태되어 패수에 임해 도읍을 열었다. 昔者東明感氣 踰溮川而啓國 朱蒙孕日臨溴水而開都"고 했다. 부여와 백제는 동명이 건넌 사수와 사천을 비롯해 고구려 이전의 '원왕'을 공유한 것으로 보인다. 이렇듯 백제의 시조 인식 또한 부여의 동명에 뿌리를 둔 것이다.

제 4단락은 제액이 되겠는데, 부여융이 당으로부터 받은 관작 이름이 적혀 있다.

이러한 「부여융 묘지」를 통해 몇 가지 새로운 사실이 확인 되었다. 가령 부여융은 영순 원년(682) 68세를 일기로 뤄양의 사제私第에서 사망하였다. 부여융은 615년(무왕 16)에 출생하였으므로 아버지인 의자왕의 연령을 가늠할 수 있다. 그리고 『신당서』에 따르면 "의봉(676~678) 때 대방군왕에 올라가 백제로 돌려보냈는데, 이때 신라가 강성해 융이 감히 옛 나라에 들어가지 못하고 고려에 의탁해 살다가 죽었다. 儀鳳時 進帶方郡王 遣歸藩 是時

新羅彊 隆不敢入舊國 寄治高麗死(동이전 백제)"고 했다. 그러나 「부여융 묘지」를 통해 부여융은 당의 뤄양에서 사망한 사실이 밝혀졌다. 부여융의 사망 시점도 676~678년이 아니라 682년이었다. 아울러 백제 유민들도 자국의 뿌리를 부여 왕조에서 찾았던 것이다.

정변과 부여융

백제사 시간표는 의자 태자를 즉위시켰다. 긴 시간이 지나지 않아 부여융은 어김없이 태자로 책봉되었다. 미래 권력인 융에게는 혼인의 연이 이어졌다. 융에게 붙는 귀족들의 숫자도 많아져만 갔다. 654년 40세에 이른 융 주변에는 의자왕을 이어 집권 채비를 하는 무리들이 결집했다. 의자왕에게는 눈에 거슬리는 행위였다. 결국 융과 그 일파는 권력 누수를 막기 위해 의자왕이 제거해야할 대상이 되었다. 은고 일파가 부추긴 것으로 보인다.

이와 연동해 655년(의자왕 14) 정월, 청천벽력과 같은 사건이 터졌다. 의자왕이 주도한 친위 정변이 일어났다. 이 사건은 여러 정치적 현안이 복합적으로 얽혀서 폭발했다. 의자왕에게는 모후인 사탁씨 왕후가 버티고 있었다. 부왕인 무왕의 배우자였던 그녀는, 끊임없이 베갯잇송사를 했다. 잠자리에서 아내가 남편에게 바라는 바를 속삭이며 청을 한다는 뜻이 베갯잇송사였다. 베갯잇은 베개의 겉을 덧싸서 시치는 헝겊을 가

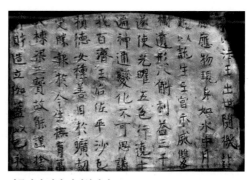

미륵사지 서탑 사리봉안기.

리킨다. 우리 속담에 '베갯잇송사가 옥합을 뚫는다'는 말이 있다. 잠자리에서 아내가 남편에게 소곤소곤하는 말이 야무진 옥돌로 만든 합조차도 뚫는다는 뜻으로, 남편이 아내의 말에 귀가 솔깃해서 정신없이 돌아가다가는 상상하기 어려운 큰일을 저지를 수 있다는 말로 쓰이고 있다.

사탁씨 왕후는 자신과 무왕 사이의 소생을 태자로 삼고자 했다. 끈질기게 베갯잇송사를 청했지만 뜻을 이루지는 못했다. 해동의 증민 그러니까 증자와 민자를 합쳐 놓은 성인 품성의 의자 왕자가 도통 틈을 보이지 않아서였다. 부모에게 효성이 지극하고 형제 간에 우애가 깊었던 의자 왕자가 아니던가? 의자 왕자를 칭송하는 소리가 궁중 안팎에 자자했다. 결국 더 미룰 수 없었다. 노령의 무왕은 재위 32년차에 떠 밀리다시피 태자를 책봉했다. 그렇다고 사탁씨 왕후는 포기하지 않았다. 물실호기 기회를 노리고 있었다. 무왕 사망 때까지 시간이 남아 있어서였다. 예기치 못한 어떤 돌출 변수가 발생할 수도 있었다. 의자왕 집권 초기도 마찬 가지였다. 권력 교체기에 빚어질 수 있는 갈등은 가능성의 틈새를 열어주고는 했다.

의자왕은 사실상 '국주모國主母'의 '섭정' 속에서 외정에 주력하고 있었다. 해동증자라는 칭송을 받았던 의자왕은 계모이자 모후인 국주모를 깍듯이 섬겼다. 의자왕을 민자에 견주어 칭송하기도 했다. 공자의 제자인 민자는 계모에게 효성이 지극하였다. 이 사실은 의자왕이 계모에게 극진했기에 나온 칭송으로 볼 수 있다. 그렇지만 의자왕에게 국주모는 극복의 대상이었다. 그녀는 현실적으로 의자왕 자신이 쌓아 온 명성과 관련된 섬김의 대상으로 여전히 유효한 위치에 있었다. 그런데 의자왕에게 물실호기의 낭보가 들렸다. 상왕처럼 군림하던 국주모의 사망이었다.

거듭 말하지만 예정된 시간표대로 무왕 사망 후 의자 태자가 즉위했지만, 사탁씨 왕후는 의자왕 상투 꼭대기에 상왕처럼 군림하고 있었다. 명색은 나랏님의 어머니인 국주모였기 때문이다. 그러던 의자왕을 오랜 동안 짓누르고 있던 국주모가 사망했다. 그러면 『일본서기』 황극기에 보이는 국주모의 사망 기사는 시점 확인이 선행되어야 한다. 게다가 이 기사는 의자왕과의 관계를 유추할 수 있는 중요한 자료이기도 했다. 다음의 관련 기사를 보도록 한다.

백제 조문 사신 겸인僮人 등이, 작년 11월에 대좌평 지적이 죽었다고 말했다. 또 백제 사신이 곤륜 사신을 바닷 속에 던져버렸다. 금년 정월에 국주모가 돌아가셨다. 또 제왕자 아들인 교기 및 그 모매母妹 여자 4인과 내좌평 기미와 고명한 사람 40여 명이 섬으로 추방되었다. 百濟弔使僮人等言 去年十一月 大佐平 智積卒 又百濟使人 擲崑崙使於海裏 今年正月 國主母薨 又弟王子 兒翹岐及其母妹女子四人·內佐平岐昧 有高名之人四十餘 被放於嶋(『일본서기』 권24, 皇極 원년).

위에서 인용한 『일본서기』 황극 원년(642) 조에는 국주모의 사망에 이어 제왕자 등과 같은 근친 왕족들에 대한 추방 사건이 덧붙여 있다. 그런데 이 기사는 금석문 자료 등과 결부지어 전후 정치 상황을 검토해 볼 때 착란錯亂으로 드러났다. 우선 조문 사절로 백제에서 온 겸인 등은 대좌평 지적이 '작년 11월에 죽었다'고 전했다. 이 지적智積을 「사택지적비문」에 적혀 있는 사택지적砂宅智積으로 간주하는 데는 이견이 없다. 그렇다면 사택지적은 641년 11월에 사망한 것이다.

그러나 「사택지적비문」에 따르면, 사택지적은 갑인년甲寅年인 654년 정월에도 건재했다. 『일본서기』에서 사망했다고 한 사택지적은 654년에도

사택지적비.

버젓이 생존해 있었다. 이를 놓고 백제 겸인 즉 종자從子의 와전 즉 '사실과 다르게 전함'으로 해석하고 있다. 어디까지나 형편 좋게 하는 해석일 뿐이다. 와전이 빚어진 그럴싸한 동기나 배경에 대한 접근조차 없었다. 그러나 이 건은 단순한 와전이 아니라 관련 사료 자체에 대한 검증의 지렛대가 될 수 있다. 황극 원년(642) 조의 정변 기사 자체를 제명 원년 (655) 조에 배치해야 하는 요인이 된다. 설령

사택지적비 오른쪽 측면 상단 원형 안의 봉황 문양.

와전이었다면 차후 사택지적이 생존한 13년 동안에 밝혀졌다고 본다. 최소한 『일본서기』가 편찬되는 720년 이전에는 수정되어 사택지적 사망 기록을 수록하였을 것이다.

그러므로 이 기사는 착란 가능성이 높다. 기실 동일 인물인 황극 (642~645)과 제명(655~661)의 복벽復辟으로 인한 혼동 가능성을 지녔기 때문이다. 복벽은 '물러난 임금이 다시 왕위에 오름'을 뜻한다. 고교쿠皇極는 자신의 면전에서 아들인 나카노오에 황자가 소카노 이루카를 참살한 것에 충격을 받아 남동생에게 양위했다. 이렇게 즉위한 고토쿠孝德는 654년에 병사하였다. 그러자 조정의 실세인 나카노오에 황자는 어머니 고교쿠를 다시 즉위시켰다. 그녀가 사이메이齊明인데, 한 명의 여왕이 이름을 달리해서 두 번 즉위한 것이다. 우리나라의 복벽 사례로서는 부자 간인 충숙왕과 충혜왕이 있다.

『일본서기』의 7세기대 기사에서는 유독 착란이 많이 확인되었다. 한결같이 기사 배열의 착오였다. 여기서 관건은 「사택지적비문」에서 사택지적은 654년 정월에도 생존했다는 사실이다. 그러므로 '작년 11월에 대좌평 지적이 죽었다고 말했다. … 금년 정월에 국주모가 돌아가셨다'는 일련의 연동

된 기사는, 654년 11월과 655년 정월에 해당한다고 보아야 한다. 642년 정월에 조문사로 온 백제 사절의 종자가, 버젓이 살아 있는, 그것도 차후 13년을 더 생존한 사택지적의 사망을 구체적으로 월月까지 적시하며 죽었다고 잘못 전했을 가능성은 없다. 설령 와전이었다면 수정할 수 있는 기간이 충분하지 않았던가? 따라서 와전이라는 말은 형편 좋게 남발하는 단어는 아닌 것 같다. 이 경우는 누가 보더라도 복벽으로 인한 기사 착오로 간주하는 게 자연스럽다.

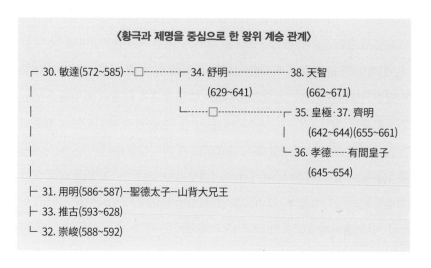

〈황극과 제명을 중심으로 한 왕위 계승 관계〉

```
┌ 30. 敏達(572~585)···□············┌ 34. 舒明··················· 38. 天智
│                              │   (629~641)              (662~671)
│                              └·······□··················┌ 35. 皇極·37. 齊明
│                                                         │  (642~644)(655~661)
│                                                         └ 36. 孝德·····有間皇子
│                                                               (645~654)
├ 31. 用明(586~587)--聖德太子--山背大兄王
├ 33. 推古(593~628)
└ 32. 崇峻(588~592)
```

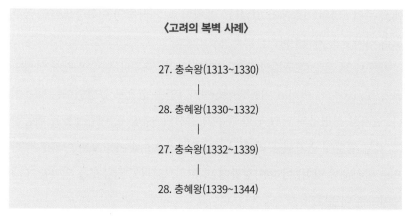

〈고려의 복벽 사례〉

27. 충숙왕(1313~1330)
|
28. 충혜왕(1330~1332)
|
27. 충숙왕(1332~1339)
|
28. 충혜왕(1339~1344)

앞서 언급한 '국주모'는 문자 그대로 왕의 어머니 곧 당시 국왕인 의자왕의 어머니를 가리킨다. 그런데 국주모의 사망이 정변의 촉발제가 되었다. 이 사실은 국주모와 의자왕의 권력 관계가 일치하지 않았음을 암시한다. 국주모로 인해 의자왕이 자신의 권력을 제대로 행사하지 못한 상황을 연상시킨다. 그렇다고 할 때 이는 의자왕이 태자로 책봉되는 데 중대한 걸림돌이 곧 국주모였음을 반증해준다. 결국 국주모와 의자왕을 친모자 관계로 설정하기는 어렵게 한다.

그렇다면 의자왕의 생모는 누구였을까? 그녀는 백제 귀족 가문 출신일 수도 있겠지만 『삼국사기』만으로는 밝히기 어렵다. 이와 관련해 『삼국유사』에 적힌 서동 설화에 의하면 무왕과 혼인한 여성 즉 왕비는 신라 진평왕의 딸인 선화 공주였다. 정황으로 볼 때 선화 왕후가 무왕의 첫번째 부인인 것은 분명해 진다. 더욱이 국주모에게는 '매'의 존재가 확인되었기 때문이다. 특히 '그 모매 여자 4인 其母妹女子四人'의 '모매'는 '한 어머니에게서 태어난 누이'를 가리킨다. 여기서 지시대명사인 '기其'는 그 앞에 적혀 있는 '제왕자弟王子'로 보인다. 그러므로 '其母妹女子四人' 구절은 제왕자의 '어머니 자매인 여자 4인'으로 해석된다. 제왕자는 국주 즉 나랏님의 아우 왕자를 가리킨다. 국주의 어머니는 이 기사에 등장하는 '국주모'였다. 국주모에게 무려 4명의 여형제가 있었다. '제왕자'는 의자왕의 이복동생이요 국주모의 친아들을 가리킨다.

따라서 본 문장은 국주의 모가 사망했고, 또 (국주의) 아우弟 왕자 아들인 교기 및, (국주의) 어머니 여동생母妹 여자 4인을 섬으로 추방했다는 내용이다. 여기서 진평왕의 딸인 선화 공주가 자신의 '매妹' 즉 여동생들을 대동하고 백제 왕실에 출가했을 리 없다. 그러니 의자왕과 제왕자는 이복형제 간으로 설정해야 맞다. 이러한 정황에 비추어 보더라도 국주모는 의자왕의 생모이기는 어렵다.

사안이 중요하기에 여러 차례 되풀이 하여 언급한다. 의자왕은 국주모 사망 직후에 국주모의 여형제 관련 일족을 해도海島로 추방시키는 일대 정변을 단행했다. 이 자체는 의자왕과 국주모의 권력 관계가 일치하지 않았음을 다시금 반증한다. 중요한 사안은 의자왕의 어머니로 기록에 보이는 국주모가 의자왕의 생모가 아닐 가능성이다. 「사리봉안기」에는 639년의 시점에서 무왕의 왕후가 사탁씨 출신으로 적혀 있다. 사탁씨 왕후와 의자왕은 친모자 관계가 아닐 정황이 보인다. 의자왕이 사탁씨 왕후 소생이라면 태자로의 책봉 과정이 힘들었을 이유가 없었다. 사탁씨 왕후는 당시 의자 태자를 위협할 수 있는 왕자를 낳은 뒤였다. 그랬기에 물밑 경쟁은 욱심하였을 것이다. 따라서 의자왕의 어머니는 미륵사 창건의 발원자인 선화 왕후로 지목하는 게 자연스러운 추론으로 보인다.

비운의 폐태자 융

의자왕은 재위 15년(655)에 정변을 단행하였다. 이는 의자왕대의 정치사가 그 15년을 기점으로 큰 변화가 이루어진다는 종전의 지적과도 부합한다 (백제 당시의 기년에 따른다면 의자왕 재위 14년이지만 여기서는 혼란을 피하기 위해 『삼국사기』 기년에 따랐다). 그렇다고 그 변화는 기존 연구에서 지적하고 있는 강력한 왕권의 후퇴를 의미하지 않는다. 의자왕 15년의 정변은 지배 세력의 교체와 더불어 강력한 왕권 확립의 전기가 되었다. 의자왕대에 강력한 왕권이 구축되었음은, 국왕을 축으로 한 '소왕小王' 혹은 '외왕外王'의 존재를 통해서도 확인된다.

그러면 국주모 계열은 누구이며, 의자왕이 손을 잡은 세력은 누구였을까? 의자왕은 41명의 서자를 좌평으로 임명한 바 있다. 이 사실은 정비正妃

외에 최소 10명 이상~20여 명 정도의 부인을 거느렸음을 뜻한다. 남녀의 성비를 100:100으로 잡았을 때 의자왕은 최소 82명의 서자녀庶子女를 둔 게 된다. 한 여성에게서 4명씩의 자녀가 성장하는 게 가능하다면 20여 명의 부인까지 상정할 수 있다. 고려 태조의 정략결혼을 연상하면 된다.

　의자왕은 다수의 외척 가문 가운데 특정 세력과 손을 잡은 것으로 보인다. 그러한 세력 제휴는 궁극적으로 양자 간 소생의 태자 책봉으로 결실을 보았을 것이다. 이것을 암시해 주는 게 태자위太子位의 변동 기사가 된다. 의자왕은 재위 4(3)년에 "왕자 융을 세워 태자를 삼고 대사大赦하였다"고 했다. 그런데 의자왕 20년 조 기사에는 "드디어 태자 효孝와 함께 북비北鄙로 달아났다. … 태자의 아들 문사文思가 왕자 융에게 이르기를 '왕과 태자가 밖으로 나갔는데 지금 숙부가 제멋대로 왕이 되니 … '"라고 했듯이 '태자 효'가 보인다. 의자왕 4(3)년에 책봉된 융은 적어도 그 20년에는 더 이상 태자는 아니었다. 반면 효가 태자였다. 이로 볼 때 태자가 교체되었음을 알 수 있다. 그 시점은 655년 정월에 정변이 단행된 직후인 그해 2월 "태자궁을 지극히 화려하게 수리하였다"고 한 기사와 연결 지을 수 있다.

　문사文思의 계보 : "그 왕 의자 및 태자 융이 북쪽 지역으로 달아났다. 소정방이 나아가 그 성을 포위했다. 의자의 둘째아들 태가 자립해서 왕이 되자, 적손인 문사가 말하기를, '왕이 태자와 더불어 비록 함께 성을 나와 … 우리 부자는 마땅히 온전할 수 없습니다' 其王義慈及太子隆奔于北境 定方進圍其城 義慈次子泰自立爲王 嫡孫文思曰 王與太子雖並出城 而身見在 叔總兵馬 卽擅爲王 假令漢兵退 我父子當不全矣(『구당서』 권83, 소정방전)"고 했다.

　이 구절에서 문사의 대화 상대는 '우리 부자'에서 알 수 있듯이 그 아버지를 가리킨다. 문사의 아버지가 융이라면 '태자 융이 북쪽 지역으로 달아났다'고 했듯이 맞지 않다. 『자치통감』에서도 '융의 아들 문사'로 적혀 있다. 실제 문사와 함께 사비도성에 체류했던 이는, 신라 김법민 태자에게 침세례를 받았던 융이었다. 의자왕과 더불어 웅진성으로 달아났던 '태자 융'은 '태자 효'의 착오였다. 그렇지 않고서는 해석이 되지 않는다. 문사를 '적손'이라고 한 것은, 당인들이 '태자'로 인정했던 융의 아들이었기 때문이다.

혹자는 신라가 융의 태자 지위를 인정하지 않으려고 효를 태자로 기록했다는 것이다. 만약 그랬다면 신라가 그 많은 의자왕의 아들 가운데 굳이 효를 태자처럼 기록한 그럴듯한 이유를 적시했어야 한다. 무엇보다도 융의 태자 책봉 기록 자체를 삭제하면 되는 것이다. 그럼에도 신라인들이 융의 태자 책봉 기록을 남긴 이유를 소명해야 한다.

그 밖에 융에서 효로 태자 지위가 교체되었다면, 외국으로 추방되거나 정치적으로 제거되는 모습을 보여야 하지만, 그렇지 않았다는 것이다. 여기서 '외국으로 추방'은 한 가지 사례, 그것도 추측에 불과한 주장을 마치 확정된 사실로 단정하였다. 의자왕 이전에 왕자나 왕제가 왜로 파견된 것은, 아화왕대의 전지 태자와 개로왕대 곤지 2차례에 불과했다. 전지 태자는 즉위했고, 곤지는 개로왕 정권의 2인자였다. 그러므로 추방이나 정치적 제거와는 관련이 없다. 그리고 의자왕이 웅진성으로 피신할 때 '태자 효'를 대동했다는 것은, 그가 2인자였음을 암시한다. 게다가 사비도성에 잔류한 융은 "태자의 아들 문사가 왕자 융에게 일러 말하기를, "왕은 태자와 함께 나갔고, 숙부가 자기 마음대로 왕이 되었는데 … 太子子文思 謂王子隆 曰王與太子出 而叔擅爲王 …"라고 했듯이 무력한 존재에 불과했다. 혹자가 운위했듯이 '정치적으로 제거되는 모습'이었다. 이로써도 융의 폐태자 사실은 분명하지 않은가(『삼국사기』 권28, 의자왕 20년)? 게다가 태자가 효라는 사실을 다시금 환기시키고 있지 않은가?

그리고 위의 기사는 구체적인 서술인데, '태자 아들, 의자왕과 더불어 사비도성을 나간 태자, 왕자 융, 그리고 위기 상황에서 권력을 장악한 야심가 왕자 태'가 극명하게 보인다. 무력한 '왕자 융'의 존재도 잘 묘사되어 있다. 아울러

"태자를 교체할 정도의 큰 정치적 사건이 사서에 전혀 기록되지 않은 점도 태자 교체 여부에 대한 의구심을 불러일으킨다"고 했다. 그러면 백제사에서 큰 변동인 의자왕대 정변 사건도 『삼국사기』에는 '전혀 기록되어 있지 않으므로 의구심을 불러일으켜야' 하는가?

신라 김법민 태자가 융에게 한 말은 백제 멸망 때 태자였기 때문이 아니었다. 융이 태자로 책봉되기 직전에 대야성의 비극이 빚어졌으므로, 책임을 물은 것이다. 만약 의자왕 18년 경에 대야성 비극이 발생했다면 굳이 김법민이 융을 꾸짖을 이유가 없었다. 오히려 김법민은 부여효를 꾸짖었을 것이다.

기본적으로 신라는 부여효를 태자로 인정하지 않았고, 대야성 비극의 공동 정범으로 융을 지목했기에 전승 연회 때 당하堂下에서 술을 올리게 한 것이다. 당시 신라에서는 대야성 참극에 대한 보복 전쟁이었기에 그에 대한 책임 순위를 의자왕과 융으로 지목했다.

『삼국사기』에서 '태자효'로 기록한 이유를 혹자는 웅진성으로 도피한 "약 5일에 불과한 기간이지만 실질적으로 태자의 역할을 수행한 인물"이었던데서 찾았다. 5일 천하의, '5일 태자 역'으로 인해 신라인들에게 '태자'로 오인되었다는 것이다. 그러나 신라인들은 그 며칠 후 백제 멸망 기록에서 '태자 융'으로 적었다. 신라인들이 효를 태자로 착각했다면 수정했을 것이다. 그러나 그러하지 않기에 그 이유를 소명했어야 한다.

의자왕은 효의 모계 세력 힘을 빌어 정변에 성공한 것으로 보인다. 정변의 성공은 의자왕 외척 세력 가운데 융 세력의 몰락과 효 세력의 득세로 나타났다. 그러면 효의 외가 세력은 누구일까? 이와 관련해 백제 멸망과 결부지어 등장한 은고恩古라는 여인을 지목할 수 있다. 그녀의 위세는 "항차 밖으로는 곧은 신하를 버리고, 안으로는 요부妖婦를 믿었으며, 형벌이 미치는 바는 오로지 충성스럽고 선량한 이忠良에게 있었다(「대당평백제국비명大唐平

百濟國碑銘」)"라는 문구에 보인다. 그리고 "혹은 말하기를 백제는 스스로 망했다. 군대부인君大夫人 요녀妖女의 무도無道로 말미암아 국병國柄을 멋대로 빼앗아 어질고 착한 이賢良를 주살한 까닭에 이 화禍를 불렀으니 삼가지 않을 수 없다(『일본서기』 권26, 제명 6년 7월)"고 한 문구에 다시금 나타난다. 백제 멸망 때 생포된 고위직 가운데 "그 신하 좌평 천복千福·국변성國辨成·손등孫登 등 무릇 50여 인(『일본서기』 권

「대당평백제국비명」의 '요부妖婦' 문자.

26, 제명 6년 10월)"이 보인다. 좌평인 '천복'과 '손등'은 사택씨였다. 대좌평 사택지적을 비롯한 사택씨의 권세는 이때 절정이었다.

의자왕대 대좌평 사택지적의 출신지를 부여군 은산면 내지리로 지목하는 견해도 있다. 그러나 내지리 지명은 일제가 1914년 행정 구역을 통폐합할 때 내대리와 지경리에서 한 글자씩 취해서 정한 지명에 불과하다(李道學, 「方位名夫餘國의 성립에 관한 檢討」『白山學報』38, 1991, 16~17쪽). 따라서 사택지적의 출신지인 내지성을 내지리와 관련 짓는 것은 어불성설이다.

이로 미루어 볼 때 효의 외가 세력은 사택씨로 헤아려진다. 의자왕 15년의 정변과 그 직후 태자의 권위를 세우기 위한 태자궁의 화려한 수리와 사택씨의 득세는 상관성이 보인다. 태자궁의 화려한 수리는 부여융을 폐태자한 후 새롭게 태자로 책봉된 부여효의 권위를 세워주기 위한 방편이었다. 부여효의 태자 책봉은 명분과 정당성이 취약했음을 반증한다.

의자왕은 사택씨와의 제휴를 통해 강력한 권력을 구축하고자 했다. 의자왕 재위 17년의 서자 41명에 대한 좌평 제수가 그 일환이었다. 당시 의자왕

정권은 '소왕'·'외왕'의 존재를 통해 짐작되듯이 다수의 '왕'들을 거느린 대왕체제였다. 여기서 '소왕'과 '외왕'은 대응되는 개념이다. 소왕은 일단 대왕의 상대적 호칭이었다. 1인 대왕 예하에 다수의 소왕이 존재하였다. 양자는 정치적 상하 관계를 알려준다. 반면 외왕은 공간적으로 '내왕內王'의 상대적인 개념에 속한다. 소왕 범주 안에 내왕과 외왕이 속한 것일 게다.

내왕은 왕도 내에 거주하는 데 반해, 외왕은 도성과 본국 바깥에 봉지封地를 가지고 있었던 것 같다. 실제 '외'에는 '이역異鄉·외국·원遠'의 뜻이 담겨 있다. 비록 근거지는 왕도였지만 5세기 중반에 보이는 백제의 좌현왕과 우현왕 역시 외왕 범주에 속한다. 이렇듯 의자왕은 내왕과 외왕인 다수의 소왕들을 거느린 대왕으로서의 위상을 확립했다.

그리고 6좌평제에서 무려 41명의 좌평은 설령 명예직이더라도 기존 좌평의 위상을 절하시켰다. 의자왕은 서자들을 대거 좌평에 기용함으로써 왕족 우위의, 왕족 중심의 친위체제를 구축하고자 했다. 이와 관련해 백제 말기에 좌평이었던 의직義直이 주목된다. 의직은 대신라전을 주도하던 장군이었다. 이러한 의직의 이름은 '의롭고 곧다'는 뜻을 지녔다. 의자왕의 '의자義慈'와 연관 있는 이름임을 알 수 있다. 그랬기에 의직은 의자왕의 동생일 가능성이 제기되었다. 만약 그렇다면 의자왕은 친아우를 좌평에 임명했음을 알 수 있다. 이 역시 의자왕이 중앙의 좌평직을 통제하려는 의도로 보인다.

의자왕 정권 말기에 소왕 지위의 왕자들이 2명이나 확인된다(『구당서』 권199상, 동이전 백제). 그런 만큼 의자왕 정권은 대왕과 태자 그리고 왕자들로 짜여진 내왕·외왕이라는 소왕과, 지방에 거점을 둔 왕자 좌평과, 왕제와 일반 귀족들로 구성된 중앙의 좌평으로 권력 상층부를 구성했다. 의자왕은 중앙의 '내 좌평'과 지방에 식읍을 둔 '외 좌평'으로 좌평제의 이원화를 구축하였다. 의자왕은 단순한 왕족이 아니라 친아우나 친자 중심의 직계 왕족들과, 외척 사택씨 세력을 기반으로 강고한 친위 체제를 구축했다. 이는 기존의 정치판을 새로 짜는 정치적 물갈이 성격의 정치 변혁이었다.

의자왕의 남은 5년, 음황과 탐락의 세월

국왕을 견제할 수 있는 귀족 공동체의 결집력을 와해시킨 의자왕은 이내 매너리즘에 빠졌다. 의자왕은 즉위 전부터 재위 15년까지의 오랜 기간 동안 사뭇 긴장된 생활을 하였다. 그러나 이제는 정적들을 제거함에 따라 정치적 긴장에서 해방되었다. 해동증자라는 칭송이 더 이상 의자왕을 구속할 수 없었다. 의자왕은 너무나 지쳐 있었고, 눈치 볼 사람도 없어졌다. 환갑을 넘긴 의자왕의 가슴 속에 갇혀 있던 생동적 에네르기는 음란과 향락의 방향으로 뿜어져 나왔다. 의자왕의 이러한 사치와 탐락은 백제 멸망의 요인으로 자리잡았던 것 같다. 이와 관련해 "덕행은 언제나 곤궁 속에서 이루어지고, 몸을 망치는 것은 대부분 뜻을 얻었을 때이다. 成德每在困窮 敗身多因得志"라는 『용언庸言』의 말이 실감난다. 유사한 사례로는 중국 진晉 무제가 상기된다. 그는 본래 검소했지만 오吳를 정벌하여 삼국을 통일한 후 거의 1만 명의 후궁을 두었다(『晉書』 권31, 胡貴嬪傳). 좌평 성충成忠은 의자왕이 궁녀들을 데리고 음란과 향락에 빠져 술 마시기를 그치지 않자 극력 말리다가 옥사하였다. 백제 궁중의 부패와 타락을 반증하는 심각한 사례였다. 이 사실은 요직에 있던 좌평 임자를 통해 신라의 중신重臣 김유신에게 고스란히 전해졌다.

의자왕 재위 16년부터 20년까지가 집권 후반기에 속한다. 이때 의자왕은 강력한 권력을 구축했다. 의자왕은 15년 8월 고구려·말갈과 연합해 신라 북변에 속한 30여 개 성을 일거에 점령하는 눈부신 전과를 기록했다. 그런데 이듬 해인 16년 3월에는 다음과 같은 기사가 보인다.

3월에 왕이 궁인과 더불어 음황·탐락하여 술 마시기를 그치지 않았다. 좌평 성충이 극간極諫하자 왕이 노하여 옥중에 가두었다. 이로 인하여 감히 말하는 자가 없었다. 성충은 말라 죽었는데, 죽음에 임하여 상서하기를 …

정복전에 승리한 직후, 그것도 반년 조금 지나 의자왕은 음황과 탐락으로 사서에서 잡히고 있다. 이 구절은 "왕이 궁인들과 더불어 정도를 벗어나 정신이 빠질 정도로 즐기고 술 마시는 것을 그치지 않았다"로 풀어서 적을 수 있다. 그에게 붙었던 해동증자 이미지와는 판이한 양태를 보인 것이다.

의자왕의 음황과 궁중 부패는 여러 사료에서 확인된다. 『삼국사기』에는 "왕이 궁인과 더불어 음황 탐락하여 술마시기를 그치지 않았다"고 했다. 신라측에서도 포착하고 있었기에 "이때 백제의 임금과 신하들은 사치가 심하고 방탕하여 나랏일을 돌보지 않으니 백성들은 (이를) 원망하고 신神은 노하여 재앙과 괴변이 여러 차례 나타났다. 김유신이 왕에게 '백제는 무도無道하여 그 죄가 걸桀과 주紂보다 더하옵니다. 이에 진실로 하늘의 뜻에 따라 백성들을 불쌍히 여기시고 죄인을 징벌하실 때이옵니다'라고 했다"고 한다. 655년 9월의 일이었다.

부소산 삼충사 안에 봉안된 좌평 성충 영정.

『삼국유사』에서 "사비하泗沘河 양쪽 언덕이 그림 병풍처럼 되어 있어 백제 왕이 매번 놀면서 잔치하고 노래와 춤을 추었으므로 지금도 대왕포大王浦로 일컫는다"고 한 곳이 향락 장소였다. 『신증동국여지승람』은진현恩津縣 조에 보면 "산에 큰 돌이 편편하고 널찍하여 시진市津의 물을 굽어 보고 있으니 이를 황화대皇華臺라 부르며, 세상에서 전하는 말에 백제 의자왕이 그 위에서 잔치하며 놀았다고 한다"고 했다. 그리고 "어상산. 현 서북 10리에 있다. 황화산 남쪽 기슭에서부터 온다. 의자왕이 놀고 쉰 땅이었기에 이름이 생겼다. 御床山 在縣西北十里 自皇華山南麓來 義慈王遊憩地 故名(『여지도서』 충청도 은진현, 산천)"는 장소도 보인다. 지명으로도 남아 있는 의자왕의 사치와 탐락은 백제 멸망의 주요 요인이었던 것 같다. 의자왕의 향락은, 민심 이반을 초래했을 뿐 아니라, 자국 백제를 위협하는 외부 세계의 동향을 차단시켰다.

관련해 일본 쇼소닝正倉院에 소장된 의자왕이 선물한 목화자단기국木畵紫檀棋局 측면에는 낙타가 8필이 그려져 있다. 백제가 낙타를 구입해 왜에 선물한 기록이 2차례나 보인다. 아울러 말타고 격구擊毬하는 그림도 측면에 그려져 있다. 이를 통해 백제 귀족 사회에서는 격구 놀이가 행해졌음을 알려준다. 풍요롭고도 여유만만한 그리고 태평한 귀족 사회의 일면을 엿볼 수 있다.

은고는 노쇠한 의자왕이 사치와 향락에 빠져 국정에서 멀어지게 했다. 그녀가 전횡을 일삼은 시점이 655년, 『삼국사기』 상 곧 의자왕 재위 15년부터였다. 신라측에서 포착한 의자왕의 사치와 향락 시점은 655년이었다. 이 시점은 의자왕-은고 공동정권의 출범이었다. 명의는 의자왕이었지만 기실은 은고가 권력을 좌지우지하였다.

은고는 갖은 감언이설로 의자왕을 감쪽같이 속였다. 미래 권력인 태자의 어머니였기에 권력을 휘두르는데 거리낌이 없었다. 그러면 만취한 의자왕이 그야 말로 태평성대처럼 잔치나 베풀었던 배경은 무엇일까? 이는 의자왕의 성취와 무관하지 않았다. 의자왕은 즉위 직후 몸소 군대를 이끌고 신라의 서쪽 변경을 침공해 일거에 40여개 성을 점령했다. 여기서 멈추지 않고 그의 군대는 전략적 요충지인 합천의 대야성을 점령하였다. 이때 신라의 실권자인 김춘추의 사위와 딸을 붙잡아 죽였다. 백제 군대는 동진을 거듭해 지금의 88고속도로의 동쪽 기점인 화원 인터체인지 구간까지 점령하였다. 백제 군대는 낙동강을 건너 지금의 경북 성주나 구미 방면까지 진출하기도 했다. 그러면 다음의 기사를 보자.

삼가현三嘉縣 유린역有磷驛의 토산土山 꼭대기에 큰 무덤이 몇 개 있는데 광주廣州의 왜총倭塚과 같으므로 그 지방 사람에게 물어보니, 신라총新羅塚이라고 하였다. 만약 신라 시대에 장사지내는 예禮가 이러하였다면 모든 주군州郡의 장례葬禮도 마땅히 다 이와 같아야 할 것인데, 이곳에만 그러한 것은 생각건대 삼한三韓이 전쟁할 때의 경관京觀인 듯하다(『청장관전서』권68, 寒竹堂涉筆上).

대야성이 소재한 합천 삼가 지역의 흙산을 신라총으로 일컬었다. 이덕무(1741~1793)는 자신이 목격한 큰 무덤들을 신라군의 시체를 쌓아놓은 경관으로 추측했다. 경관은 큰 구경거리라는 뜻으로 전쟁 중에 승리한 자가 무공을 과시하려고 적군의 시신을 모아 흙을 덮어 만든 높은 무덤을 말한다. 고구려가 수와의 전쟁 승리를 과시하기 위해 수군 시신을 쌓아놓은 경관이 유명하다. 파죽지세로 동진하던 의자왕대 백제군이 몰살시킨 신라군 시신 더미로 보인다.

의자왕의 혁혁한 전과와 맞물려 조여가는 동진은, 신라 조야를 공포에 빠뜨렸다. 위기감 속에서 신라가 택할 수 있는 국난 타개 방안은 당의 손을 빌리는 길밖에 없었다. 물론 그 이전에 신라 김춘추는 고구려의 힘을 빌으려고 했고, 심지어는 왜로도 건너갔었지만 모두 성과는 없었다. 결국 신라가 기댈 수 있는 대상은 당 밖에 없었고, 결자해지結者解之 차원에서 김춘추는 당 태종과 약조를 맺었다. 그렇다고 당이 곧바로 신라를 지원한 것은 아니었다. 신라 왕이 된 김춘추는 아들을 당에 보내 태종의 아들 고종을 압박했다.

651년 신라 사신 김법민金
法敏이 당 고종에게 "고구려
와 백제는 긴밀히 의지하면
서 군사를 일으켜 번갈아 우
리를 침략하니, 우리의 큰 성
城과 중진重鎭은 모두 백제에
게 빼앗겨서, 국토는 날로 줄

합천 대야성 성벽.

어들고 나라의 위엄조차 사라져갑니다!"고 호소했다. 당시 신라인들이 백
제를 얼마나 두려워했는지는 김유신이 진덕여왕에게 잃어버린 대량주(대야
성) 회복을 주청한 데서 엿볼 수 있다. 이때 여왕은 "작은 것이 큰 것을 범하
려다가 위태로워지면 장차 어찌하겠는가?"라며 회의적으로 답했다. 여기
서 '작은 것'은 신라이고, '큰 것'은 백제를 가리킨다. 그러자 김유신은 "군
사가 이기고 지는 것은 크고 작은 데 달려있는 것이 아니라, 다만 사람들의
마음이 어떠한가에 달려 있을 따름이옵니다. … 지금 저희들은 뜻이 같아서
더불어 죽고 사는 것을 함께 할 수 있으니, 저 백제라는 것은 족히 두려워할
것이 없나이다!"고 했다. 신라 여왕 스스로가 자국을 소국으로 간주하였다.
반면 백제를 대국으로 여겨 잔뜩 겁 먹고 위축되어 있었다.

의자왕의 성취는 친위 정변을 통해 절대 권력을 구축한 재위 15년 즉 655
년 이전의 일이었다. 의자왕의 승리는 정국에 대한 가 없는 낙관을 가져왔
다. 신라는 이와는 상황이 전혀 달랐다. 국가적 명운이 걸린 신라로서는 할
수 있는 방안을 백방으로 강구할 수밖에 없었다. 절박한 상황에 몰린 신라는
비상한 선택을 해 당과 협공할 수 있었다. 그럴 가능성을 염려한 성충이 탄
현과 기벌포 방비를 당부했었다. 그러나 연이은 승리에 도취했을 뿐 아니라
왕후 은고의 간계에 빠진 의자왕은 소통과 담을 쌓고 말았다. 의자왕은 주연

을 통해 자신의 공적을 뽐내면서 자아도취로 흘러가고 있었다. 신라가 뽑을 수 있는 마지막 카드를 대수롭지 않게 여겼다.

승전에 도취한 의자왕 조정에는 좌평 임자와 같은 이중간첩들의 암약과, 은고를 축으로 하는 궁중부패가 만연했다. 계백과 함께 황산 전투에 참전했다가 신라군에게 항복한 좌평 충상과 달솔 상영처럼 수상한 기회주의자들도 박혀 있었다.

패망과 의자왕의 책임

660년 7월, 신라와 당의 연합군이 육로와 해상, 동서 양면으로 동시에 밀려들어왔다. 좌평 성충이 5년 전에 이미 경고의 '비상 나팔'을 불었던 일이 현실로 닥쳤다. 의자왕은 그때 성충이 옥중에서 올린 글을 묵살하였다. 의자왕은 중국의 수와 당이 고구려를 침공했다가 실패한 전력을 익히 알고 있었다. 보급병까지 합치면 무려 300만에 이르는 대군을 이끌고 수 양제가 공격했지만 참담한 실패로 끝났다. 영명하기로 정평이 난 당 태종 역시 고구려 침공에서 맥없이 무너졌다. 수와 당은 고구려와 육속되어 있었다.

의자왕은 자국과 고구려의 국력을 헤아려 보았다. 국력은 자고로 인구와 경제력을 가지고 논하는 법이다. 고구려 말기의 인구는 69만 7천 호였다. 당시 백제의 인구는 고구려를 상회하는 76만 호였다. 게다가 경제력은 백제가 고구려를 압도하고 있었다. 이는 조선시대인들의 백제에 대한 평가와도 다르지 않았다. 예조참판에도 올랐던 이승소李承召가 1478년에 "옛적에 백제는 삼국 가운데 가장 강한强悍했고, 전투를 좋아하였고"라고 했다. 인조는 1623년(인조 1)에 정경세鄭經世와의 경연經筵에서 "삼한 시절에 백제가 가장 강했다"고 단언하였다. 저명한 실학자인 다산 정약용(1762~1836)도

"삼한 가운데 백제가 가장 강하였다"고 했다. 삼한 즉 삼국 가운데 고구려를 제끼고 백제의 국력이 앞섰음을 이구동성으로 말하였다.

의자왕은 자국의 국력이 고구려를 앞지른다고 믿었다. 더구나 의자왕은 당대에 신라로부터 무려 100여 개 성들을 점령하였다. '해동삼국' 역사에서 의자왕을 능가하는 정복군주는 어디에도 없었다. 의자왕이 생각하건대 고구려도 꺾지 못한 당이 자국 백제를 이길 수 없다고 보았다. 더구나 양국 사이에는 지금의 태평양과 같은 서해가 가로 놓여 있었다. 그것을 뚫고서 감히 당의 대군이 백제로 올 수 있을 지에 대해서는 회의적으로 보았다. 백제는 고구려처럼 당과 이해 관계가 얽힌 바도 없었다. 의자왕은 신라와 당의 연합이 실제 군사 행동에 옮겨지리라고는 생각하지 않았다. 그러나 이러한 자만심에 근거한 의자왕의 정세 판단은 중대한 오판으로 금세 드러났다.

백제 최후의 날, 공산성과 예씨禰氏 일가의 동향

부여융이 46세인 660년의 7월, 신라군과 당군에 포위돼 가는 사비도성은 가망이 없어 보였다. 그렇지만 의자왕은 희망을 잃지 않았다. 이때 왕자가 7월 11일과 12일에 좌평과 상좌평을 각각 소정방의 당군에 보내 퇴병을 거듭 애걸했다. 그러면 좌평급에게 명령한 '왕자'는 누구일까? 그는 사비도성을 실질적으로 장악한 왕자였다. 이때 아무런 역할도 못했을 뿐 아니라 '태자'로도 표기된 부여융을 가리키지는 않았을 것이다. 그 왕자는, 협상이 결렬되자 의자왕과 태자 효가 웅진성으로 달아난 직후 자립해 왕을 칭한 부여태가 분명했다.

퇴병 불발은, 전과를 목전에 둔 원정 대장 소정방이 받아들이지 않았지만, 복수심에 불탄 김유신이 용인할 리 없었기 때문이다(이도학, 「羅唐同盟의

性格과 蘇定方被殺説」『新羅文化』2, 1985, 28~30쪽). 협상이 결렬되자 7월 13일, 의자왕은 밤을 틈타 태자 효와 함께 백마강을 이용해 웅진성으로 피신했다.

그 직후 당군에 포위된 사비도성에서는 의자왕의 둘째아들 부여태가 자립해 왕임을 선포하면서 굳건히 지켰다. 폐태자 부여융이 상황을 통제할 수 있는 위치가 아니었음을 알려준다. 그런데 부여태의 처사에 불만을 가진 문사는 "왕과 태자가 밖으로 나갔는데 숙부가 제멋대로 왕이 되니, 만약 당군이 포위를 풀고 가면 우리들이 온전할 수 있겠습니까!"라고 말하고는 휘하의 측근들을 데리고 줄에 매달려 성 밖으로 나갔다. 새로운 백제 국왕임을 선포한 부여태가 말릴 겨를 도 없이 많은 백성들이 문사를 따라 나섰다.

안팎으로 돌이킬 수 없는 상황에 직면하자 원자인 부여융은 대좌평 사택천복과 함께 사비도성 문을 열고 항복했다. 그의 생애 두번째 시련이었다. 부여융은 처참한 심정으로 신라 태종 무열왕의 태자인 김법민의 말 앞에 꿇어 앉혀졌다. 김법민은 격한 어조로 부여융을 꾸짖기에 앞서, 그의 면상에 침을 뱉으면서 "전날 너의 아비가 나의 누이를 원통히 죽이어 옥중獄中에 파 묻은 일이 있다! 그것이 나를 20년 동안 마음 아프게 하고 머리를 앓게 하였다. 오늘 너의 목숨은 내 손에 달렸다!"고 말하자, 부여융은 땅에 엎디어 말이 없었다. 옛날 백제가 지금의 서울 지역에 도읍하던 시절 마지막 임금이었던 개로왕이 포위를 뚫고 왕성을 탈출하다가 고구려 장수에게 생포되었을 때였다. 역시 모욕적인 침세례를 받지 않았던가!

그로부터 5일 후 의자왕은 7월 18일 당군에 항복했다. 웅진성이 포위된 상황은 아니었다. 그럼에도 불구하고 의자왕은 자발적으로 웅진방령군熊津方領軍을 거느리고 웅진성에서 사비도성으로 돌아와 항복했다. 의자왕은 신라와 당군에 대적할 수 있는 북방의 웅진방령군이라는 무력을 보유하고 있었다. 그럼에도 선선히 항복의 길을 택했다. 여기에는 양자 간의 어떤 타협이 모색되지 않고서는 생각하기 어려운 측면이 있다. 그에 앞서 사비도성이 공격을 받는 일종의 발등에 불이 떨어진 절박한 상황에서 백제는, 이틀 동안 3차례에 걸쳐 집요하게 당과의 타협을 모색했다. 여기서 항복은 국가의 몰락이 아니었다. 당군의 철수를 담보로 한 당에 대한 새로운 관계 개선의 성격을 띠었다. 백제는 신라·당군의 침공을 맞아 몇 차례 당과의 막후 교섭을 시도한 바 있다.

사비도성 함락 후 나라의 통수권자인 의자왕이 피신한 곳이 웅진성이다. 이때 예식禰植과 예군禰軍이라는 2명의 고관이 보인다. 우선 예식에 관한 기사가 다음과 같이 확인된다.

* 그 대장 예식이 또 의자를 부지하고 와서 항복하였다. 태자 융과 아울러 여러 성주들이 모두 함께 관款을 보냈다. 其大將禰植 又將義慈來降 太子隆 幷與諸城主皆同送款(『구당서』권83, 소정방전)

* 그 장군 예식이 의자와 더불어 항복하였다. 其將禰植與義慈降(『신당서』권111, 소열전)

위의 기사에서 예식은 의자왕의 항복과 연계되어 나타난다. 그런데 『구당서』의 기록을 토대로 "이식은 '대장' 또는 '장'으로 나오므로 웅진방령으로 추정되는 그가 의자왕을 거느리고 항복하였다는 것은 사세가 위급해지자 의자왕을 사로잡아 나당연합군에 항복하였음을 보여주는 것이라 하겠다"는 해석이 나왔다. 이러한 해석은 "又將義慈來降"의 '장將'을 '거느리다'는 뜻으로만 해석하다 보니까 예식이 의자왕을 생포해서 나당연합군에게 바친 것처럼 된다. 이러한 해석은 단재 신채호가 "수성대장이 곧 임자의 무리라 왕을 잡아 항복하려고 하였다. 왕은 스스로 목숨을 끊으려고 하였으나

영태공주 묘 벽화에 보이는 당의 군인들.

동맥이 끊어지지 아니하여 태자 효와 소자 연과 함께 포로가 되어 당의 진영으로 묶여 갔다"고 한 바 있다.

그러나 만약 이러한 해석이 맞으려면 『신당서』의 동일한 구절에도 이와 비슷한 내용이라도 수록되었어야만 한다. 그러나 없지 않은가? 그 뿐 아니라 '將'에는 무려 21개의 뜻이 담겨 있다. 이 구절과 관련해서는 '거느리다' 보다는 오히려 '행할行'·'곁붙을 扶持'·'이을承'·'함께 할伴也' 등의 새김이 적합할 것이다. 특히 "예식이 또 의자와 함께 하여 와서 항복했다"는 해석이 가능하다. 「예군 묘지」에서 "이에 명문 대귀족 수십인을 거느리고 장차 조정에 들어와 알현하려 하였다.

의자왕이 피신했던 공산성 성안 마을 전경.

仍領大首望數十人將入朝謁"는 구절의 '領'을, '거느리다'로 해석할 때는 가능하다. 그러나 앞의 구절 해석은 맞지 않다. 특히 맨 마지막의

공산성에서 출토된 당의 장수 이조은李肇銀 명문 갑옷편.

새김을 취한다면 "그 대장 예식이 또 의자와 함께將 와서 항복했다"는 해석이 된다. 이러한 해석은 『신당서』의 "그 장군 예식이 의자와 더불어與 항복하였다"는 해석과 정확히 부합한다. 따라서 앞서의 기존 해석은 억측에 불과한 것으로 드러난다. 참고로 '仍領大首望數十人將入朝謁' 구절에 대한 해석은, 5장 '백강과 주류성 비정의 관건'에서 밝혔다.

최근에는 「예인수 묘지」의 "卽引其王歸義于高宗皇帝"라는 구절의 '인引'을, '붙잡다'는 뜻으로 해석하기도 한다. 이 글자는 '이끌어내다'로 해석된다. 즉 웅진성에 있던 의자왕을 성 바깥으로 이끌어내서 당에 항복하게 했다는 뜻이다. 그러나 '인引'에는 '인도하다'는 뜻도 담겼다. 문맥에 비추어 볼 때 예인수가 의자왕을 인도해 고종 황제에게 귀의시켰다는 의미가 맞다. 맹자 왕도정치 사상의 양대 축軸인 인의仁義의 하나인 '의'에 귀의했다는 것이다. 「부여융 묘지」에서도 '옷섶을 잘라내고, 인仁에 귀의했다. 削衽 歸仁'고 했다. 오랑캐의 표상인 좌임左衽을 끊어버리고 중국 천자의 품으로 넘어왔다는 의미이다. 부여융이 당에 협력한 사실을 가리킨다. 따라서 '귀의'라는 수사적 표현을 구사한 것을 볼 때, '引'은 '인도하다'로 풀이하는 게 자연스럽다. 이와는 달리 '인引'을 '끌어 붙잡았니, 묶었니'하는 거친 해석은 전혀 문맥에 맞지 않다.

만약 예식이 의자왕을 사로잡아 나당군에 바친 것이라며 '촉捉'과 같은 표현을 사용했을 것이다. 의자왕과 신하들이 당군에 생포된 것을 "백제 왕

이하 … 잡았다. 所捉百濟王以下…(『일본서기』권26, 齊明 6년 7월)"고 했다. 곧 '捉'이라고 한 것에 비추어 보더라도 '將'을 '생포'의 뜻으로 해석하기는 어렵다. 여러 뜻이 담긴 '將' 자를 굳이 사용할 이유도 없을뿐더러 당장 『신당서』에서는 '여與'라고 해서 앞선 해석과는 배치된다. 따라서 의자왕을 붙잡았다는 주장은 역동성은 있지만 설득력은 없다. 더욱이 『삼국사기』에 따르면 "의자가 태자 및 웅진방령 군대를 거느리고 웅진성으로부터 와서 항복했다. 義慈率太子及熊津方領軍等 自熊津城來降(태종무열왕 7년 7월 18일)"고 하였다. 의자왕의 신병 처리에 비상하게 주목했을 신라측 문헌이다. 이 기록에서도 의자왕이 내분으로 포박된 구절은 없다. 그리고 부여융은 『구(신)당서』에서는 의자왕과 함께 웅진성으로 달아났다고 했지만, 『삼국사기』에서는 사비성에 잔류하였다. 이 경우 『삼국사기』의 신빙성이 입증되었다. 예식 관련 기록 역시 『구(신)당서』보다는 『삼국사기』의 사료 가치를 존중해야 할 것 같다.

무엇보다 의자왕이 자의에 의해 항복했기에 "여러 성과 더불어 모두 항복했다. 與諸城皆降(의자왕 20년)"고 하였다. 흑치상지도 "흑치상지는 소관부를 거느리고 항복했다. 常之以所部降(흑치상지전)"고 했다. 그럼에도 항복했던 백제인들이 거세게 항전한 데는 사비도성 나당군 승전식에서 의자왕에 대한 모욕과 더불어 당군의 만행 때문이었다. 이러한 정황에 비추어 보더라도 예식이 모반을 일으켜 의자왕을 사비도성으로 압송했다는 해석은 타당하지 않다.

예식과 예식진은 동일 인물인가?

'대장' 예식禰植과 묘지의 예식진禰寔進을 동일 인물로 간주하는 이들이 많다. 얼핏 보면 그럴싸하지만 그러나 이에 대한 반론은 충분히 가능하다.

첫째, 이름 첫 자의 한글 음이 동일한 관계로 양자를 연계시킨 것이다. 그러나 두 사람의 이름은 '식진'과 '식'일 뿐 아니라 한자도 다르다. 이체자를 자유로이 구사할 정도로 한문에 능숙한 백제인이었다. 이 경우는 이명동인이나 동명이인이 아니라 서로 다른 인물로 보아야 한다. 특히 '식진'의 '식'은 관형사 '이'와, '참으로' 및 '두다'의 뜻을 지녔다. '식'이 관형사로 쓰인 때는 '진'이 참값을 지닌 것이다. 이 경우 '진'과 '식'의 음은 서로 다르다.

둘째, 植과 寔은 현대 중국어 음가는 각각 zhi와 shi이다. 칼그란의 음운사전에 따라 북방어의 경우 tsi과 si로 서로 구분된다. 두 글자는 음가가 서로 다르므로 동음이 아닐 소지가 있다.

셋째, 두 사람이 동일인이라면 의자왕 항복 때 예식의 행적이 「예식진 묘지」에서 보여야 한다. 물론 "이역異域의 상황에 임기응변하여 占風異域"와 "제왕의 장막에 배석했다 陪武[帳]"는 문구를 제시하고 있다. 그러나 이 기사는 백제 멸망 때 당군에 항복해 협조했기에 발탁되었다는 평이한 내용이다. 예식진이 의자왕을 생포했거나 항복에 공을 세웠다면 나올 수 있는 역동적인 상황과는 거리가 멀

다. 그리고 이 구절은 '占風異域就日 長安'으로 떼어서, '기류를 점쳐, 이역에서 해를 향해 나가, 오래도록 평안했다'는 해석이 가능하다. 여기서 '해'는 당의 천자를 상징한다. 예식진이 당에 항복한 사실을 원론적으로 말하고 있다. 예식의 역동적인 공적과

예식진 묘지 탑본.

결부지을 수 있는 구절은 전혀 아니다. 당에 입조入朝한 백제인 모두에게 해당할 수 있는 지극히 의례적인 문투에 불과하다.

넷째, 「예식진 묘지」에는 예식진의 백제 때 관력官歷이 보이지 않는다. 예식이 '대장'이나 '웅진방령'이라면 고관高官에 속한다. 예식진이 예식과 동일 인물이라면, 자신의 관력을 과시하지 않았을 리 없다. 귀신에게 아첨하는 글이라는, 과장이 넘치는 묘지문에서, 존재했던 관력을 누락할 이유는 없다. 그럼에도 「예식진 묘지」에서는 보이지 않는다. 이 사실은 예식진이 예식과 같은 고관이 아니었음을 반증한다. 역시 두 사람을 동일 인물로 간주할 수 없게 한다.

다섯째, 「예식진 묘지」에서 백제 멸망 때 그의 공적이 구체적으로 보이지 않았다. 그가 입당해 얻은 고위 관직은 예군을 비롯한 일족의 후광에 힘 입은 바로 해석할 여지가 크다.

백제 멸망 당시 예식진·예군 행적

백제 멸망 당시 예식진의 행적을 살펴보도록 한다. 자신들의 이해가 가장 잘 반영된 묘지墓誌를 통해 일정한 검증이 가능할 수 있다. 특히 백제 멸망기 공적은 당에서의 정치적 입지를 강화시켜 주는 중용한 기제이기도 했다. 관련 행적이 수록된 예씨 일가의 기록을 다음과 같이 도표로 정리해 보았다.

백제 멸망 당시 예식진의 행적을 나타내는 기록은 정작 자신의 묘지에서는 전혀 보이지 않는다. 예식진의 형인 예군 묘지에서도 확인되지 않았다. 예식진의 아들 예소사의 묘지에서도 백제 멸망 때 예식진의 역할이나 공적이 보이지 않는다.

<백제 멸망 당시 예식진·예군 행적. 기준 예식진>

예식진	예군	예소사	예인수
672년	678년	형	708년	아들	750년	손자
기류를 점쳐, 이역에서 해를 향해 나가, 오래도록 평안했다. 궁실을 받드는데 본보기가 되었고 아울러 제왕의 장막에 배석陪席했다. 占風異域 就日 長安 式奉文梔 爰陪武帳	관군이 본번을 평정한 날, 날마다 기미를 보고는 변통할 줄 알았기에 잡은 칼을 바꾸어 귀의할 줄 알았다. (이는) 유여가 서융을 나온 것과 닮았고, 김일제가 한에 들어간 것과 같다. 성상께서 기뻐 찬탄하며 영예로운 반열로 발탁하여 우무위산천부절충도위를 제수했다. 官軍平本藩日 見機識變 杖劒知歸 似由余之出戎 如金磾之入漢 聖上嘉歎 擢以榮班 授右武衛漣川府折衝都尉	아버지 예식진은 입조하여 귀덕장군·동명주자사·좌위위대장군이 되었다. 父寔進入朝爲歸德將軍·東明州刺史·左威衛大將軍	(예식진이) 그 왕을 인도해 고종 황제에게 귀의하였다. 이로 말미암아 좌위위대장군 벼슬을 주고, 내원군개국공에 봉했다. 卽引其王歸義于高宗皇帝 由是拜左威衛大將軍 封來遠郡開國公

그런데 예식진 손자인 예인수의 묘지에서는 공적이 구체적으로 등장한다. 예인수는 개원開元 15년(727)에 사망했으나, 「예인수 묘지」는 부부가 합장될 당시인 750년 5월을 전후한 시기에 만들어졌다. 672년에 사망한 예식진에서 무려 2세대 반이 지난 78년 뒤의 일이었다.

예식진 본인이나 아들 묘지에도 없던 내용이 78년만에 갑자기 등장한 것이다. 이와 관련해 "묘지명에 의하면 예소사의 자字는 소素이며, 초국 낭야인楚國琅邪人이라고 밝히고 있다. 이를 통해 예씨 가문이 산동성 중남부에 있는 낭야 지역에 기원을 두었다고 보기도 하지만, 다른 예씨 일족의 묘지명에는 초와 낭야 지역에 대한 언급이 전혀 보이지 않으므로 분명하지 않다. 이어서 「예소사 묘지」에서는 5세기 초중반에 7대조 숭崇이 중국의 혼란을 피하여 '요양'(백제)으로 건너가, 마침내 웅천인熊川人이 되었다고 기술하

〈예씨 일가 묘지에 나타난 족조族祖 기록. 가계 기준 예식진〉

	관계	백제 입국 시기	부	조	증조
예군	형	영가永嘉(307~313) 말 이후	선善(좌평)	예豫(좌평)	복福(좌평)
예식진	본인		사선思善(좌평)	다예多譽(좌평)	
예소사	아들	7대조 숭嵩, 회·사淮泗 → 요양遼陽	선善(내주자사)	진眞(대방주자사)	
예인수	손자	수隋 말	선禰善(수, 내주자사· 백제 승상丞相)		

였다. 또한 증조인 진眞이 대방주자사를 지냈고, 조부 선善이 수나라 때에 내주자사를 지냈다고 언급하였다. 이는 예식진·예군 묘지명에서 예소사의 증조·조부에 해당하는 인물들이 백제에서 좌평을 역임했다는 기록과 서로 상충된다. 따라서 예씨 일족이 실제로 중국에 기원을 두었는지 여부, 그리고 중국 계통이라면 백제로 넘어온 시점이 언제인지 여부는 현재로서는 단정하기 어려우며, 추가적인 논의가 필요해 보인다(안정준, 「예소사 묘지명 해제」『국사편찬위원회 한국사 데이터베이스』)"는 지적을 유의해 본다.

위에서 제시한 예씨 일가 묘지에 나타난 족조族祖 기록을 통해 하나의 양상을 발견할 수 있다. 예씨 가문의 기원이 중국인임은 모두 동일하였다. 그러나 중국인 2세와 3세가 되는 예식진 아들과 손자대에 와서는, 예식진 아버지까지 중국 관직 내주자사를 역임한 것으로 적혀 있다.

이 사실은 예식진의 형인 예군의 묘지에서 부 → 조 → 증조에 이르는 3대에 걸쳐 백제 좌평을 역임한 기록과 크게 차이가 난다. 그 이유는 중국인 2세와 3세로 살아가면서 정체성을 좀더 깊숙이 중국에서 찾는 현상으로 보인다. 수隋 말에야 백제로 이주해 왔다는 주장과 내주자사라는 중국 관직의 존재를 통해, 족조 연원을 중국과 깊이 결부 지은 것이다. 이 사실은 당에 입조하게 된 예식진과 관련한 공적을 손자대에 와서 만든 것으로 보인다.

당사자인 예식진 스스로 가장 크게 자랑할 수 있는 공적임에도 불구하고 본인은 물론이고 아들의 묘지에서도 거론조차 되지 않았었다. 그럼에도 손자인 예인수의 묘지에서 돌연히 "그 왕(의자왕)을 인도해 고종 황제에게 귀의했다"는, 예식진의 공적이 들어간 것이다. 당의 백제 정벌 승리에 자신의 조부가 대공을 세웠음을 과시하면서 가문의 입지를 강화하고자 한 의도였다. 그러나 이 구절은 「예인수 묘지」의 신빙성을 떨어뜨리는 동시에 의심하게 하는 결정적인 요인으로 작용한다. 「예인수 묘지」에서는 예식진의 관작도 예식진 본인 묘지보다 높게 적어 놓았다.

그러면 예식진이 의자왕을 결박지어 당군에 바쳤다는 해석을 다시금 검증해 본다. 『삼국사기』에 따르면 "의자가 태자 및 웅진방령 군대를 거느리고 웅진성으로부터 와서 항복했다"고 하였다. 웅진성에서 당군이 주둔한 사비도성으로 이동한 것이다. 의자왕이 예식진에게 묶여서 이동할 수 없는 정황이었다. 만약 이러한 행렬이 펼쳐졌다면 웅진성에서 사비도성에 이르는 구간의 백제인들이 의자왕을 구출하고자 했을 것이다.

이와 관련해 "그 대장 예식은 또 의자와 함께 와서 항복하였다. 태자 융과 아울러 여러 성주들이 모두 함께 官款을 보냈다(『구당서』권83, 소정방전)"는 구절을 살펴본다. 여기서 '官款'은 백제 지방관들의 통치권을 상징하는 관인官印을 가리킨다. 사비도성의 태자 융부터 지방관인 성주들이 관인을 당군에 헌납했다는 것은 항복을 뜻한다. 최고 통수권자인 의자왕과 당군이 태자로 복권시켜 준 부여융이 자기 의지로 항복했기에 펼쳐진 일들이었다. 권력의 정당성과 연속성을 담보하는 양대 축인 국왕과 태자의 명령에 순응해 자발적으로 관인을 바친 것이다. 이러한 행위는 의자왕이 강압에 의해 붙잡혀 왔다면 고려하기 어려운 장면이었다. 그렇지 않겠는가?

의자왕이 항복한 이유

　의자왕은 웅진성이 포위된 상황이 아니었다. 그럼에도 불구하고 의자왕은 자발적으로 웅진방령군을 거느리고 웅진성에서 사비도성으로 돌아와 항복했다. 의자왕은 종전에 백제가 취해 왔던 것과는 달리 당에 크게 양보하면서 적극 예속되는 선에서 타협하고자 했던 것 같다. 그 결과 의자왕은 예하의 신료들과 무력 수단을 당군에 깨끗이 헌납하는 항복의 길을 통해 멸망의 기로에 선 국가의 활로를 트고자 했다. 의자왕은 적대 행위를 하지 않겠다는 의사를 분명히 보여주었다. 소정방으로서도 백제와 기를 쓰며 싸워야할 하등의 이유와 명분이 없었다. 당의 숙적은 고구려였지 백제는 아니었기 때문이다.

　백제를 멸망시키는 일은 신라 왕실의 숙원이었다. 당은 궁극적으로 고구려를 장악하기 위한 동방 정책의 일환으로 참전했을 뿐이었다. 그랬기에 당은 백제 공략전에서 소극적으로 대처했던 것이다. 여하간 의자왕의 항복은 절체절명 위기에 처한 국가의 생존을 위한 차선책이었다. 당으로서는 친당 정권을 백제에 수립한 후 철수하고자 했다. 이란의 팔라비 왕조도 팔라비 1세가 연합국의 압력으로 1941년에 퇴위하고 장남이 제2대 국왕으로 즉위하였다. 당도 부여융을 앞세운 친당 정권을 만들어 놓고 회군한 후 고구려 정벌에 집중할 생각이었다.

3

:

멸망을 막으려는 공주

미녀 공주의 등장

백제 멸망 상황과 관련해 놓칠 수 없는 설화가 있다. 의자왕에게는 계산이라는 이름의 미녀 공주가 있었다고 한다. 계산 공주 설화는 『민간신앙 제3부 조선의 무격 民間信仰第三部 朝鮮の巫覡』(朝鮮總督府調査資料 第三十六輯, 1932)에 수록되어 있다. 계산 공주 설화를 채록한 무라야마 지준村山智順(1891~1968)은 1919년 됴쿄제국대학 사회학과를 졸업하고, 조선총독부 촉탁으로 조선사회사정 조사를 담당하면서 1941년 귀국할 때까지 한국의 민간 신앙에 대한 방대한 양의 자료를 남겼다.

특히 그의 조사는 "조선 전체 경찰서 가운데 12곳을 제외한 모든 경찰서에 의뢰하여 1930년 6월 전국적인 무격조사를 한 것도 그에 의해서였다"고 했을 정도로 행정력을 총동원하다시피한 것이다. 이와 관련해 일찍이 본 설화를 주목한 미시나 아키히데三品彰英(1902~1971)는 다음과 같은 평가를 내렸다.

백제 전설에, 의자왕(641년 즉위)의 왕녀에 계산이라고 하는 미인이 있어, 검법을 닦아 선술仙術에 통하고, 신병神兵으로써 신라군을 괴롭혔지만, 끝내는 김유신의 신검의 힘에 의해 마침내 그 선술이 부서졌다고 하는 이야기가 전해지고 있다. 물론 사실을 논할 사료로서는 전혀 쓸모 없는 속전이기는 해도, 전쟁에 대한 고대적 관념을 말하고 있다고 하는 점에서 문화자료적 가치를 지닌 것이며, 또 화랑의 그것에 통하는 것이라 할 수 있겠다.

미시나 아키히데가 말하는 '전쟁에 대한 고대적 관념을 말하고 있다'는 것은, 여성 그것도 존귀한 왕녀가 전쟁을 주도하는 위치였음을 알리는 것이다. 이러한 지적은 삼국시대 여성의 사회적 지위 뿐 아니라 전쟁 관련 주술적 요소를 적출했다는 점에서 주목을 요한다. 더욱이 화랑 연구에 있어서 선구적 업적을 쌓은 미시나 아키히데는 계산 공주 설화를 '백제 전설'이라고 했다. 전승 자료임을 분명히 하였다. 인류학자이자 역사학인 미시나 아키히데는 무라야마 지준이 채록한 계산 공주 설화를 1943년에 처음으로 언급했다.

공주 이름의 내력과 관련해 "달나라의 계수나무는 베어 넘어지지 않고 영원히 그대로 남아 있다고 한다. 미모의 공주는 누구도 가 볼 수도 없고, 닿을 수도 없는 달 속의 계수나무에 견주었다. 공주는 자신을 계수 나무가 있는 산이라는 뜻으로 계산이라고 이름하였다"고 필자가 의미 부여한 바 있다. 누구도 넘볼 수 없는 지고한 존재라는 자부심의 표출이었는지도 모른다. 백제 멸망에 대한 내력은, 계산 공주가 어렸을 때부터 검술을 배웠다는 데서부터 출발했다. 공주는 일정한 경지에 이르자 남해의 여도사에게 신술神術을 배웠고, 선술仙術에도 능했다고 한다.

백제문화제(2022년) 때 보인 계산 공주 쇼케이스 판넬.

여기서 그치지 않고 그녀는 활과 칼로 된 자용병기自勇兵器라는 무기까지 발명해 천하무적을 자랑했다. 어느날 공주는 까치로 변하여 신라군을 정탐하러 갔다가 김유신과의 신술 대결에서 패하여 붙잡혔다. 귀환한 그녀는 부왕을 설득해 신라와 화친

백제문화제(2023년) 때 활용한 계산 공주 영상.

하고자 했다. 그렇지만 실패
하자 자신이 만든 자용병기
를 부수고 산속에 들어갔다
고 한다. 공주가 만든 자용병
기는 최리의 낙랑이 소장한
자명고를 연상시킨다. 공주
가 자명고를 찢음으로써 낙
랑이 망했다는 것이다. 공주

백제문화제 폐막식(2022년) 때 올려졌던 계산 공주 쇼케이스.

가 자용병기를 파괴한 사건도 동일한 선상에서 해석할 수 있다.

사실 공주와 부왕 간의 갈등 구조는 우리나라 서사문학의 한 전형이었다.
서사문학의 기본 요소는 인물·사건·배경이며, 작가가 일정한 사건을 묘사
하는 데 있어 허구성을 기반으로 하는 것이야말로 서사문학의 본질인 것이
다. 또한 서사문학은 '연속적인 사건을 줄거리로 이야기하는 것'으로 정의
되기도 한다. 서사문학은 소설과 비슷하지만, 그렇다고 소설은 아니다.

공주와 부왕 간의 갈등 구조는, 평강왕과 공주와의 갈등, 낙랑 왕과 공주,
진평왕과 선화 공주의 사례가 유명하다. 고전문학에서는 거의 상식화한 서
사구조로 알려져 있다. 문제는 갈등의 결말이다. 평강왕과 진평왕의 공주들
과는 달리 낙랑 왕과 의자왕의 공주는 파국형이었다. 구체적으로 부연 설명
해 본다.

가령 "낙랑에는 북과 나팔이 있어서 만약 적병이 있으면 저절로 소리가
났다. 그러한 까닭에 이를 부수게 한 것이다. 이에 최씨의 딸이 예리한 칼을
가지고 몰래 창고 안에 들어가 북의 면面과 나팔의 주둥이를 쪼개고 호동에
게 알렸다. 호동은 왕에게 권하여 낙랑을 습격하였다. 최리는 북과 나팔이
울리지 않았기 때문에 대비하지 못하였다. 우리 병사가 엄습하여 성 아래에
다다른 연후에야 북과 나팔이 모두 부서진 것을 알았다. 마침내 딸을 죽이

고 나와 항복했다"고 한 소위 자명고인 것이다.

무라야마 지쥰 채록 설화에는 백제 패망을 막으려는 계산 공주의 역할이 돋보인다. 즉 "그녀는 유신이 풀어주자 귀국하여, 부왕에게 신라와 화목하라고 권했지만 받아들여지지 않자…(결)"라고 했다. 백제의 패망을 막으려는 공주의 간언이었다. 그러나 간절한 간언은 받아들여지지 않았다. 화평 노력이 실패하자 공주는, 자용병기를 스스로 부수고 잠적함에 따라 백제가 멸망했다는 여운을 남기면서 마무리 되었다.

이 설화의 생성 배경과 관련해 승承에서, 공주가 자용병기를 사용할 때는 공중을 향해 주문을 노래했다는 것이다. 그러면 홀연히 많은 군대가 나타났다고 한다(승). 이와 같은 주가적呪歌的 가무는 한국 고대의 전쟁에 있어서 불가결한 것이라고 한다. 가무는 전쟁과 불가분의 관계에 있을 뿐 아니라, 화랑의 가무가 외적을 격퇴시키기 위한 주력을 지녔던 점과 연결된다. 따라서 승에는 한국의 고대적 정서가 응결되어 있음을 알 수 있다. 후대에 생성된 우리나라 구비전승에서는 재현이 어려운 소재였다.

물론 이러한 서사구조는 보편성을 띠고 있다. 가령 이반이 보릿단을 땅바닥에 세우고 흔들면서 주문을 외자 군사들이 나타났다(『톨스토이 단편선』「이반 일리치의 죽음」)고 한다. 애니메이션 '타란의 대모험(1985)' 등에서도 등장하는 흔한 소재이다. 그렇지만 고대 이후의 우리나라 구비전승에서는 찾기 어렵다.

우리나라에서의 신병神兵 이야기는 "신라 말에 승통僧統인 희랑이 … 그때 우리 태조가 백제 왕자 월광과 싸웠는데, … 그 적은 신과 같아서 태조가 힘으로 제압할 수가 없어서 … 사師께서 용적대군을 보내어 왕건을 도왔다. 월광은 금갑을 입은 군대가 공중에 그득 찬 것을 보고는, 그것이 신병임을 알고는 두려워서 이내 항복하였다"고 하였다. 「문무왕릉비문」에서도 "군락어천軍落於天" 즉 "군대가 하늘로부터 내려오니"라는 구절이 있다. 계산 공주의 신병 즉 음병은, 김유신의 몸에 숨어 있던 수십 명의 군사 이야기와 본질적으로 동일하다. 계산 공주 신병 이야기도 이와 맥을 같이 한다.

신라군과 당군의 침공을 받아 의자왕이 항복하는 급박한 상황을 날짜 별로 옮겨 보면 다음과 같다.

* 7월 11일 : (신라군과 당군이 합류해서 사비도성으로 진격해 올 때였다).
  백제 왕자가 좌평 각가로 하여금 글을 당장唐將에게 보내 퇴병을 애걸했다.

* 7월 12일 : (사비도성이 공격을 받는 상황이었다).
  백제 왕자가 또 상좌평으로 하여금 가축과 많은 음식을 보냈으나 소정방이 거절하였다.
  왕의 서자인 궁躬이 좌평 6명과 함께 죄를 빌었으나 또 물리쳤다.

* 7월 13일 : 의자왕이 좌우를 거느리고 밤에 달아나 웅진성을 지켰다.
  의자왕의 아들 융이 대좌평 천복 등과 함께 나와 항복하였다.

* 7월 18일 : 의자가 태자 및 웅진방령군을 거느리고 웅진성으로부터 와서 항복했다.

막다른 상황에 처한 의자왕은 패망을 막으려고 절박한 심정으로 갖은 노력을 아끼지 않았다. 이러한 백제 패망 과정의 흐름을 놓고 볼 때 계산 공주의 간언이 수용되었다면 멸망하지 않았을 것이라는 아쉬움이 배어난다. 설화에는 공주의 말을 듣지 않아 패망했다는 메시지가 분명히 담겨 있다. 계산 공주의 정확한 상황 판단과는 달리, 때늦은 대책과 나당 연합군 퇴병 불발에 따른 안타까움이 스며 있는 것이다. 얼마든지 백제는 망하지 않을 수 있었다는 아쉬움이 배어있다. 나라를 구하려고 했던 구국의 영웅으로서 계산 공주의 역할이 확실히 돋보이는 행적이었다. 실기失機와 패망에 따른 여한餘恨이 공주를 주체로 한 서사구조를 탄생시킨 배경으로 보인다.

여성 전사戰士의 전형

계산 공주는 미녀 여전사였다. 세계사적으로 여성 전사는 드물지 않다. 이란족 계열의 유목민인 사우로마타이Sauromatai의 여자는 "말에 올라타고 남자와 함께, 혹은 남자와는 별도로 심심찮게 사냥에도 나오며, 또 남자와 같은 복장을 하고 출진出陣한다"고 전해진다. 실제 사우로마타이의 여자 무덤에 부장되기도 한 무기는 군사활동을 반영하고 있다. 스파르타에서는 소녀들도 소년과 마찬 가지로 나체가 되어 각종 경기훈련을 받았다고 한다. 이것은 여자가 남자보다 열등하지 않다는 것을 알게 함으로써 자존심과 명예심을 고취하려는 조치였다.

여성을 존중한 게르만족들은 전쟁에서 여자로부터 신성함과 예언을 얻고, 중요한 사건에서는 조언을 들었다고 한다. 영국 런던 템즈강변에 세워진 동상의 주인공인 켈트족 여왕 부디카Boudica는, 로마군과 맞서 싸웠던 용맹한 여전사였다.

흉노에서는 전진戰陣에서 부녀를 동반하면서 발언까지도 허용하는 관습이 있다. 도뢰성都賴城에서 흉노 질지郅支 선우의 후비后妃인 알지閼氏들의 분전奮戰이 유명하였다. 돌궐에서도 "가하돈可賀敦(后妃)은 병마兵馬의 일을 알았다"고 했다. 그리고 후한으로부터 독립을 쟁취하기 위해 투쟁했던 베트남의 쯩徵 자매도 유명하다. 선비족이 세운 북위의 경우 아들과 남편을 대신해 친히 군사를 지휘하여 적을 격퇴하고 성을 보전한 두 여인의 활약상이 전한다. 여성이 전투에서 지도자 역할을 수행한 사례로는 군첩軍牒을 받은 아버지를 대신해 군대에 나간 뮬란木蘭이 유명하다.

우리 역사 무대와 관련해 673년(문무왕 12) 말갈 출신 이근행의 당군이 고구려군을 지금의 임진강인 호로하 서쪽에서 대파했다. 함께 참전해 벌노성伐奴城에 머물러 있던 이근행의 처인 유씨劉氏는 갑옷을 입고 무리를 이끌고 성을 지켜 고구려·말갈 연합군을 물리쳤다. 고대 오키나와에서는 여군女君이 무장을 하고 수호신의 엄호 하에 무당을 우두머리로 진군하는 모습이 보인다. 그리고 고대 일본의 진신壬申의 난亂(672) 때 오아마大海人 황자皇子의 비妃인 우노사라鸕野讚良 황녀가 남편을 따라 종군하는 등, 고대 일본에서는 상하를 통틀어서 여자가 종군해 전투에 가담한 일은 결코 드물지 않았다.

그리고 징기스칸의 법령에는 "종군한 부녀는 남자가 싸우다 물러서는 때에는 대신해서 전쟁을 수행해야 했다"·"종군한 부녀는 남편이 싸우다 몸을 다친 경우 남편의 군무를 대신한다"고 적혀 있다. 1245년~1247년 유럽

임진강변에 입지한 삼국시대 성 호로고루. 그 밑으로 호로하가 흐르고 있다.

에서 몽골로 여행을 했던 이탈리아인 플라노 카르비니의 요한John of Plano Carpini(1182~1252)의 견문에 따르면, 몽골 여인들은 어린 딸이나 여자도 말을 타고 남자와 똑같이 민첩하게 달려나간다. 여자들은 활과 화살을 휴대하였고, 온갖 가죽옷·상의·신발·정강이 보호구 등 가죽 제품은 무엇이나 잘 만들어낸다. 또 마차를 조종해서 그것을 수리도 하고, 낙타에 짐을 싣기도 하는데, 어떤 일을 하더라도 아주 일을 잘하였고 정력적이었다. 여자는 누구든 바지를 입고 남자와 같이 활을 쏘기도 했다.

만주족의 경우 "여인도 채찍을 잡고 말을 달리는데, 남자와 다를 게 없다. 10여세 아동도 활과 화살을 차고 (말을) 달려서 쫓는다"고 하였다. 그러니 계산 공주의 무용武勇은 좌현왕과 우현왕을 비롯하여 유목적인 직제가 남아 있던 백제에서도 충분히 생겨날 수 있는 환경이었다. 전장에서 계산 공주의 모습을 다음과 같이 상상해 보았다.

어느 날 은고가 공주를 불렀다. "우리 공주님께서는 신통력을 발휘해 까치도 되고, 또 천하무적의 병기도 만드셨다니, 이제 우리 백제를 위해 능력을 발휘하셔야 할 때가 되지 않았나요? 당장 전선으로 달려가 신라 군대를 깡그리 소탕하고, 또 신라 왕을 사로 잡아오세요!"

피를 부르는 전쟁에 나서고 싶지 않았지만, 공주로서는 달리 대꾸할 명분도 없었다. 갑옷을 입고 투구를 쓴 미녀 공주는 신라군과 대치했다. 교전하기 직전이었다. 공주는 까치로 변신하여 신라군 진영을 휘둘러 보고 돌아왔다. 허실을 탐지한 것이다. 그런 후 공주는 허공을 우러러 보며 울부짖는 것 같기도 하고 노래 같기도 한 기괴한 소리를 쏟아냈다. 그러자 얼마 후 하늘을 새까맣게 매우고 까마귀처럼 병사들이 나타났다. 이 장면을 지켜 본 백제 병사들마저 낯이 허옇게 질려 있었다. 이어 자용병기의 신장들이 들썩이더니 물대포를 쏜 것처럼 허연 빛이 신라 군영으로 쏟아졌다. 앗! 따거워 소리를 연신 지르며 신라 병사들이 고꾸라졌다.

신라군들은 알았다. 기묘한 주술과 신군神軍을 부리는 주인공이 공주라는 사실이었다. 신라군이 갈팡질팡할 때 쯤이었다. 공주는 슬며시 투구를 들어올리고는 했다. 허둥대던 신라군도 그 찰나의 모습을 잊을 수가 없었다. 수려한 용모의 공주가 입가에 흘린 야릇한 미소는 가히 고혹적이었다. 저승으로 보내는 마녀의 작별 인사처럼 느껴졌다.

신라인들에게 공주는 전설이요, 신화가 되었다. 공주가 나타났다고 하면 모두 얼어 붙었다. 숱한 신라 군인들의 주검, 정확히 말해 남정네들의 시체 더미를 볼 때마다 편치 못했다. 내가 무술을 배운 동기가 이런 것은 아니지 않은가 (이도학, 『백제 계산 공주 이야기』 서경문화사, 2020, 37~39쪽)!

계산 공주 설화의 원형을 찾는 일은 어렵지 않다. 무라야마 지준이 채록한 설화는 첫째, 서사구조가 기승전결로 짜여져 있다. 스토리의 완결성을 보여 준다. 둘째, 기존의 줄거리에서 해당 주제에 맞는 부분만 적출한 『삼국유사』와 『동경잡기』에 수록된 이야기는 지엽에 불과했다. 반면 무라야마 지준이 채록한 설화에는 전체 스토리가 모두 수록되었다. 셋째, 무라야마 지준 채록 설화는 서사 주체인 공주의 일대기적 성격을 지녔다. 더욱이 설화 속의 남성(의자왕·김유신)은 서사 진행의 보조적 역할을 할 뿐이었다. 따라

계산 공주 스토리텔링 영상.

백제문화제(2022년) 때 계산 공주 영상.

서 '김유신 영웅 만들기'에 계산 공주 설화가 이용되기는 했지만 서사의 본디 주체는 엄연히 계산 공주였다.

계산 공주 설화는 구전인가?

무라야마 지준이 채록한 백제 계산 공주 설화는, 선행 문헌인 『삼국유사』와 『동경잡기』에 단편이 포착되었다. 비록 가장 후대에 채록되었지만, 무라야마 지준의 계산 공주 설화의 완성도가 제일 높았다. 본 설화는 기승전결 형식의 서사구조로 짜여진 공주의 일대기였다. 비록 승자로 등장하지만, 단편적으로 비치는 김유신은 본 설화에서는 조역에 불과했다.

『삼국유사』와 『동경잡기』에 수록된 내용은 모두 무라야마 지준의 채록에 포함되었다. 따라서 무라야마 지준의 계산 공주 설화가 몸체이자 원형임을 알 수 있다. 실제 계산 공주 설화의 주가적 가무와 신병 등장 서사체계는, 한국 고대 전쟁 상황과 부합하는 배경 설정이다. 계산 공주 설화의 연원을 엿볼 수 있다.

물론 무라야마 지준의 채록 형태는 단언할 수 없다. 관련해 구전 채록 가능성이 제기되었지만 근거는 뚜렷하지 않았다. 우선 계산 공주 설화는 구전이 많이 수록된 『한국지명총람』(1979)에서 확인되지 않았다. 물론 『구비문학대계』에서는 유일하게 작원鵲院 구비전승이 채록되었다. 그러나 건천읍 작원 지역에 전해 오는 전승은 아니었다. 게다가 제보자가 신선사 승려에게 들은 내용도 『동경잡기』와 대동소이했다. 무엇보다 현지인들은 알지 못한 계산 공주 설화를 신선사 승려를 통해 알았다고 한다. 이 사실은 여러 정황에 비추어 볼 때 신선사 승려가 최상수 저작을 읽고 현지인들에게 알려준 것이다. 이렇듯 계산 공주 설화가 구전이었다는 증거는 어디에도 없다. 현지인들이 모르는 설화를 구전이라고 할 수는 없지 않은가?

『동경잡기』의 작원 전설을 넘어선 기록은 어디에도 없었다. 반면 『동경잡기』보다 구체성을 지녔고 서사구조를 갖춘 기록이 무라야마 지준의 채록이었다. 이와 관련한 구전 채록설에 대해서는 '무단 전재, 내용 개작, 채집력 꾸며 적었을 가능성, 채집력의 가공 가능성, 개작 명백, 채집력 의심, 최상수의 가공, 채집자로 대체, 그대로 전재, 은폐, 20살 이전에 채록, 과대 포장'이 사실상 키워드를 이룬 논문이 발표되었다. 지금은 고인이 된 원로 민속학자의 '데이터 조작'을 폭로한 것이다. 이러한 구전 조작은 김광식, 「최상수의 한국전설집 재검토」(『洌上古典研究』 64집, 洌上古典研究會, 2018)에 보인다.

만약 구전이 존재했다면 필시 여러 버전으로 전하여왔을 것이다. 그러나 『신증동국여지승람』뿐 아니라, 이후 『여지도서』나 『대동지지』를 비롯해 읍지邑誌 등 그 어디에서도 구전은 확인되지 않았다. 계산 공주의 활동 거점인 부여나 충남권 그 어디에서도 유사한 전승도 없었다. 그리고 주인공 이름 '계산'은 구전으로써 표기할 수 있는 성질이 아니었다. 그리고 '자용병기'도 마찬 가지였다. 이로 볼 때 무라야마 지준은 경주나 여타 지역에서 『동경잡기』보다 풍부한 내용을 담고 있는 문헌을 확보했을 수 있다. 무라야마 지준이 동일한 사례로 함께 수록한 고려 때 법술가 이영간 일화는 2곳 문헌에서 채록한 것이다.

무라야마 지준이 동일한 책에서 계산 공주 설화의 출전을 명시하지 않았다. 이 사실은 구전 채록 가능성을 희박하게 한다. 구전이라면 채록 장소를 명기 못할 이유가 없었다. 아마도 당초 원고에서는 출전 문헌을 적시했지만 조선총독부가 삭제한 것으로 보인다. 무라야마 지준은 조선총독부에서 전국적으로 수압한 서책 즉 금서 중에서 설화를 발견한 것으로 보인다. 그러나 금서였기에 출전을 명시하지 못한 것으로 추정된다.

무엇보다 계산 공주 이야기는 편린이지만 『삼국유사』와 『동경잡기』에 수록되었다는 것이다. 문자화한 서사체계가 마련되었음을 알 수 있다. 따라서 구비전승타령은 몽상에 불과한 것이다.

4

:

국가 회복을 위한 융과 풍

거인, 세상을 건너 가다

660년 9월 3일, 의자왕은 왕자 및 신하 93명, 그리고 주민 1만 2천여 명과 함께 당의 수도 장안으로 압송되었다. 이 무렵 모두 4차례에 걸쳐 견당사遣唐使로 당에 파견되었다가 억류된 이가 왜 조정의 이키노 무라치하카도코伊吉連博德였다. 그는 귀국 도중 660년 10월 16일부터 동도인 낙양에 머물러 있었다. 이때 11월 1일 평생 뇌리에서 지울 수 없는 의자왕의 항복과 방면 장면을 목격했다. 백제 의자왕 이하 '태자 융' 등 여러 왕자 13명, 대좌평 사택천복과 국변성 이하 37명 모두 50여 명이 조당朝堂에 나간 후 곧바로 황제를 알현하고는 그 자리에서 석방되는 장면이었다. 그 날 당 고종은 동도인 낙양 궁성 남문인 측천문루則天門樓 즉 응천문에서 붙잡혀 온 의자왕과 그 신하들을 모두 풀어 주었다(『자치통감』 권200, 顯慶 5년 11월).

이키노 무라치하카도코는 당에 체류하면서 겪은 일들을 상세하게 기록으로 남겨 놓았는데, 『이키노 무라치하카도코서伊吉連博德書』라고 이름한다. 이후 왜로 귀국한 이키노 무라치하카도코는, 667년 11월 웅진도독부 '웅산현령 상주국 사마' 법총이 왜의 관인들을 다자이후大宰府에 있는 쓰쿠시 도독부筑紫都督府까지 송환한 후 4일 동안 체류할 때 모습을 드러냈다. 소산하小山下 관위였던 그는 법총을 호위하며 웅진도독부까지 따라 갔다. 이키노 무라치하카도코의 당 체험은, 백제(웅진도독부)와 왜를 연결해주는 역을 맡게 했다.

의자왕은 고된 항해로 인한 피로와 홧병이 겹쳐 영욕이 교차하는 파란만장한 생애를 접었다. 의자왕은 당시로서는 고령인 70세 가까운 연령이었다. 당 고종은 의자왕에게 금자광록대부·위위경金紫光祿大夫衛尉卿으로의 추증과 옛 신하들의 부상赴喪을 허락했을 정도로 예를 갖춰 융숭하게 장례가 치러졌다. 의자왕의 묘소는 망국의 한恨을 품고 묻힌 중국 삼국시대 오吳의 마

의자왕이 항복한 현장인 당의 낙양 응천문 복원도.

지막 황제 손호孫皓와 남북조시대 진陳의 마지막 황제 진숙보陳叔寶의 묘소 옆에 마련되었다.

손호와 진숙보는 주색에 빠져 나라를 돌보지 않다가 멸망을 자초했다. 이들 모두 뤄양의 북망산에 묻혔다. 의자왕의 묘소 또한 이곳에 의도적으로 마련된 것이다. 의자왕의 묘소 앞에는 비석까지 세워졌기에 그 위치는 상당 기간 동안 전해져 왔었다. 그러나 유감스럽게도 비석이 파괴되었기에 뤄양시와 자매결연을 맺은 부여군이 의자왕의 묘소를 백방으로 찾았으나 성과가 없었다. 1920년에 발굴된 의자왕의 아들 부여융의 묘소에도 표지를 남기지 않았기에 의자왕의 묘소를 찾을 수 있는 단서마저 잃어 버렸다. 다만 부여군 능산리 왕릉군 서편 산기슭에 북망산에서 떠 온 혼토魂土로 의자왕과 부여융의 가묘假墓를 조성하고 단비壇碑를 세웠다.

의자왕대에 대한 평가

의자왕 재위 20년에 대한 평가는 어떻게 정리할 수 있을까? 의자왕 재위 전반과 중반까지인 15년 동안은 광휘光輝로운 기간이었다. 해동증자 혹은 해동증민이라는 칭송을 받았던 의자왕의 즉위는 성군聖君의 등장을 뜻했

부여 능산리에 조성된 의자왕(오른편)과 부여융 가묘.　　세종시 운주산 고산사에 세워진 의자왕 위혼비.

다. 만백성이 환호하였고, 그는 명성에 걸맞게 자애로운 정치를 펼쳤다. 특히 죽을 죄를 제외한 죄수들을 석방했다. 의자왕은 전국을 순행하면서 민심을 다독였다. 소통을 원활히 하고자 한 것이다. 의자왕에게는 슬하에 41명의 장성한 좌평 아들이 있었다. 그 밖에 태자 및 왕자와 공주까지 포함한다면 족히 100명이 넘는 자녀를 두었다. 이 숫치가 상징하듯이 즉위 전, 그는 유력 가문들과의 혼인을 통해 강고한 결속을 구축한 것이다.

의자왕은 귀족들과의 타협을 통한 공존을 모색하였다. 실제 외자왕의 혼사는 특정 가문에 편중되지 않았다. 그랬기에 그는 귀족들로부터 광범위한 지지를 얻을 수 있었다. 게다가 그는 정복전에서 거듭 승리하였다. 지금의 서부 경상남도 지역을 석권하다시피 했다. 이러한 전승에 힘입어 의자왕의 권위는 한껏 올라갔다. 의자왕은 넓어진 영역과 확보한 포로들을 귀족들에게 분여했다. 이로써 의자왕의 권력 기반은 강고해졌다.

의자왕은 가장 강대한 당에는 틈새를 보이지 않았다. 의자왕은 누대의 앙

숙이었던 고구려와 연화連和해 신라에 대한 압박을 가속시켰다. 이로 인해 신라는 북과 서로부터 동시에 공격을 받는 위기에 처했다.

의자왕의 남은 5년 동안(16~20년)은 그 자신이 볼 때는 태평성대였다. 그는 재위 15년에 친위정변을 통해 강력한 권력을 구축했다. 내정의 안정을 기반으로 신라에 대한 압박을 한층 가속시켰다. 의자왕은 진격을 중단하라는 당 고종의 지시를 묵살했다. 이로 인해 당과의 관계도 틀어졌다. 백제는 외교적 위기에 처하였다. 반면 의자왕은 고구려와 왜와의 관계를 강화했다. 당에 대한 적극 대응의 일환이었다.

그렇지만 의자왕의 소통 부재로 인해 민심 이반이 잇따랐다. 당 현종도 재위 전반은 '개원開元의 치治'라고 하여 성세盛世를 기록했다. 713년부터 741년까지 28년 간이었다. 그런데 현종이 745년에 양옥환을 귀비로 맞아들임에 따라 치세는 기울어갔다. 해동증자 의자왕의 치세와 견주어 유사한 면이 보인다. 의자왕도 치세 전반기를 '증민曾閔의 치'로 일컬을만 했고, 증자와 민자를 합쳐놓은 인덕仁德 정치를 펼쳤다.

그러면 백제 멸망 요인은 어떻게 정리될 수 있을까? 첫째, 의자왕이 소성小成에 취해 큰 그림을 보지 못한 것이다. 과도한 신라 압박은, 신라와 당의 결속을 촉발하게 만들었다. 이는 백제에 대한 중대 위협 요인이었지만 의자왕은 간과했다.

둘째, 자만심에서 비롯한 안이함이었다. 위기감 부재에 따른 사치와 향락의 일상화였다. 집현전 직제학 양성지(1415~1482)가 "백제가 망한 것은 갑작스런 승리로 적을 멸시한 때문이었으며, 고구려가 망한 것은 강한 것만 믿다가 병력이 궁진한 때문이었습니다"고 한 상소에도 보인다. 신라와 당의 협공에 대한 대응책 부재였다. 의자왕은 과거 승리에 도취해 지금까지 방식으로만 대응하려 했다. 상황 변화에 따른 발상 전환 부재였다. 고구려가 멸망하기 직전인 668년 6월에 김유신은 아우와 생질에게 "백제는 오만

때문에 망했고, 고구려는 교만 때문에 위태롭다! 今我國以忠信而存 百濟以
憍慢而亡 高句麗以驕滿而殆"고 진단했다. 『구약성경』에 적힌 "파멸에 앞
서 교만이 있고, 멸망에 앞서 오만한 정신이 있다(잠언. 16: 18)"고 했으니 딱
들어 맞는 것 같다.

셋째, 의자왕의 노쇠와 정치적 피로감에 따른 국정 장악력 상실이다. 이
틈을 파고든 둘째 왕후 은고의 권력 농단과 만연한 궁중 부패였다.

넷째, 지배층 사이에는 민심 이반에 따른 불확실한 미래에 대한 공포감이
널리 번져 있었다. 이로 인해 기회주의자들의 양산과 이중간첩들의 암약으
로 백제 내정의 기밀 유출이 다반사였다.

'부흥운동' 용어

백제 멸망 후 일어난 항쟁 관련 역사 용어로는 교과서에 등장하는 '백제
부흥운동'이 있다. 백제인들이 나라를 회복하기 위한 항쟁을 '부흥운동'으
로 일컬었다. 그러나 '부흥'의 사전적 의미는 '쇠퇴하였던 것이 다시 일어
남. 또는 그렇게 되게 함'으로 쓰였다. 망한 나라를 되찾기 위한 항쟁이 '부
흥'이 될 수는 없다. 오히려 '경제부흥'이라면 맞다. 1955~1961년까지 존속
했던 정부 부서에는 '부흥부'가 존재했다. 그리고 개신교에서의 '심령부흥
회'가 있다.

백제인들이 나라를 회복하기 위한 항쟁은, 쇠잔한 것을 회복하려는 '부
흥'과는 거리가 있다. 그러므로 용례 확인이 필요하다. '부흥' 용어는 『일본
서기』에서 "짐은 마땅히 신神의 모책을 도움이 되도록 바쳐 임나를 부흥시
키고자 한다(민달 12)"라고 하여 보인다. 여기서 583년(민달 12)의 시점은 임
나 제국이 신라에 병합된 이후였다. 대가야를 비롯한 임나 제국은 562년에

임존성 복국운동 기념비.

멸망했다. 그럼에도 왜 왕은 '임나부흥'을 운위하고 있다. 임나는 멸망한 게 아니고 잠시 쇠잔해진데 불과하므로 다시 일으켜 세워야 한다는 의미로 '부흥'이라고 했다.

그러면 '부흥' 개념의 탄생 배경이다. 백제와 신라 그리고 임나 제국은, 왜의 신속국臣屬國임을 전제로 했다. 그러므로 왜에 조공을 바치는 신라가 감히 임나 제국을 병합할 수 없다는 논리였다. 『일본서기』는 신라에 임나 제국이 병합된 사실을 인정하지 않았다. 다만 신라의 공격을 받아 잠시 쇠잔해졌으므로 다시 일으켜 세워야 한다는 것이다.

『일본서기』 황국사관의 허구가 들통나는 것을 막기 위한 문자 농락이 '부흥'이었다. 이러한 황국사관을 20세기에 접어들어 백제에도 적용한 용어가 '백제부흥운동'이었다. 일시 쇠잔했던 백제가 부흥했다는 개념에는 멸망 관념이 없다. 혹자가 주장하는 '부흥백제국'도 마찬 가지 경우에 속한다. 차라리 '흥복興復 백제국'이라면 가능하다. 그럼에도 저의를 깨닫지 못하고 '부흥'을 사용한 것이다. 남창 손진태가 주장한 '조국회복운동'을 비롯해 '복국운동復國運動'·'흥복운동' 등 대안 용어는 얼마든지 있다. 우리 사서에서도 "검모잠이 국가를 흥복하고자 했다. 劍牟岑欲興復國家(『삼국사기』권22, 보장왕 27년)"·"용삭 3년 계해, 백제 여러 성들이 몰래 흥복을 도모했다. 그 우두머리가 두율성에 웅거해 왜에 군대를 청해 도움받고자 했다. 龍朔三年癸亥 百濟諸城 潛圖興復 其渠帥據豆率城 乞師於倭爲援助(『삼국사기』권42, 김유신전)"고 해 보인다. 이렇듯 '흥복'은 『삼국사기』를 비롯한 전통 사서에서는 국가 회복을 가리키는 용어였다.

1941년 11월 대한민국 임시 정부가 발표한 새 민주국가 건설을 위한 강령인 「대한민국건국강령」제2장 〈복국復國〉 8개 조의 '복국'은, 건국을 통해 국가를 회복한다는 개념이다. '부흥'은 타당하지 않은 용어임을 다시금 확인할 수 있다.

그리고 단재 신채호의 『조선상고사』 등은 물론이고, 1971년에 간행된 중학교 역사책 즉 국사 교과서에서는 '부흥군'이 아니라 '의병'으로 적혀 있다 (김성근·윤태림·이지호, 『중학교 사회Ⅱ』, 교육출판사, 1971, 28쪽). 민족주의 사학자나 신민족주의 사학자 뿐 아니라 북한에서도 '부흥운동' 용어를 전혀 사용하지 않았다. 유독 일본과 한국에서만 '부흥운동' 용어를 사용하고 있다.

재차 말하지만 '부흥운동'은 문의상文義上으로 '나라를 부흥시키기 위한 운동'이라는 의미였다. 당시 백제인들의 항쟁은 국권 회복과 생존을 위한 절박하고도 처절한 투쟁이었다. 분발을 촉구하는 정서의 '부흥'과는 거리가 멀었다. 사실 부흥을 영어로 번역하면 르네상스renaissance 즉, '문예부흥'이다. 더욱이 '부흥군'이라는 용어도 맞지 않다. 당시 백제는 풍왕을 수반으로 한 국가 체제를 구축한 상태였다. 그러니 '나라를 부흥시키기 위한 군대'의 뜻이 아니라 그냥 '백제군'으로 일컬으면 된다. 실제 순암 안정복(1712~1791)은 풍왕을 백제 제32대 마지막 왕으로 지목하지 않았던가? 그러한 백제국 풍왕의 군대를 '백제군'으로 호칭하면 된다. 달리 긴 설명이 필요 없지 않은가? 실제 "그 신하 좌평 복신이 사직을 원래대로 회복하고자, 멀리서 풍장을 맞아 끊어진 왕통을 이어서 일으켰다. 其臣佐平福信尅復社稷 遠迎豊璋 紹興絶統(『속일본기』 권27, 天平神護 2년 6월)"고 했듯이, 끊어진 대통大統을 다시 이은 것이다. 그리고 '신하'는 국가 수반 국왕을 전제로 한 개념이 아닌가? 663년 9월 백강 패전 후 왜로 망명할 때 백제 주민을 '국민國民'이라고 하였다(『일본서기』 권27, 천지 2년 9월). 풍왕은 명실상부한 백제국 수반인 국왕이었다. 이렇듯 '부흥백제'가 아니라 백제 왕이 통치하는 예전의 백제를 회복한 상황이었다.

그런데 이미 굳어진 용어이므로 그냥 사용하자는 이들이 있다. 용어 바로 사용하는 게 하등 힘든 일도 아니다. 의지만 있으면 가능하지 않은가? 타성에 젖어 그냥 이대로가 좋다는 안주파들이다. 이들은 '부흥'에 내포된 저의를 간과해 왔다는 사실조차 자각하지 못했다. 이게 더 심각한 문제가 아니겠는가?

혹자는 필자가 이미 오래 전부터 논문에서 제기했던 '부흥운동' 용어의 부당성에 대한 논지를 재연하면서 '수복운동' 용어 사용을 제안했다. 그런데 '수복收復'의 사전적 의미는 '잃었던 땅이나 권리 따위를 도로 찾음'이었다. 가령 "대답하기를 '원수가 되어 요동을 수복하고 싶습니다'고 하였다. 對以願爲元帥 收復遼東(『葛庵集』附錄 제3권, 墓誌銘, 權斗經)"·"요동 땅 전 지역을 수복하여 收復全遼(『谿谷集』 권24, 袁軍門帖)"·"처음 이여송 등이 평양을 수복하자 始李如松等收復平壤(『萬機要覽』)"·"무제가 군대를 일으켜 이곳을 쳐서 4군을 두었으니 3대의 강역을 수복한 것이다. 武帝興師擊之 置四郡者 收復三代舊疆也(『五洲衍文長箋散稿』 三韓始末辨證說)"에서 보듯이 주로 강역 회복의 의미였다. 이러한 제한적 의미의 '수복' 용어보다는 '흥복'이나 '복국'과 같은 전통적인 용어 사용이 합당할 것 같다. 남창 손진태가 제기한 '조국회복운동'은 이 해를 쉽게 하기 위한 용어였다.

융과 풍왕 정권의 성격

백제인들이 국가를 되찾기 위한 항쟁 과정에서 두 개의 정권이 들어섰다. 신라와 협조하며 당의 힘을 빌어 국권을 회복하려는, 융을 수반으로 한 일파가 있었다. 반면 무력 항쟁을 통해 국가를 회복하려는 일파들은 복신이 추대한 풍왕을 수반으로 결집했다. 순암 안정복은 663년 9월, 백강 패전에 대한 소회를 다음과 같이 피력했다.

* 가을 9월, 당의 유인궤·손인사 및 신라 왕이, 백제 및 왜의 구원병을 백강 白江에서 공격하여 패배시켰고 주류성을 빼앗았다. 백제 왕 풍豐이 고구려 로 달아나니, 백제가 망했다.

* 백제는 모두 32왕 681년만에 망했다.

백제의 존속 기간은 『삼국사기』 기년대로하면 기원전 18년에 663년을 더 하면 681년이다. 그리고 의자왕이 31대였으므로, '32왕'은 풍왕까지를 포함시켰다. 성리학자인 안정복은 풍왕 정권을 백제 왕실의 법통을 이은 정당한 정권으로 받아들였다. 『삼국사기』에서도 '백제군'으로 표기하였다. 왕조의 단절이 아닌 연속성을 인정한 것이다. 그러므로 본서에서는 이후 서술에 등장하는 '회복군'을 '백제군'으로 표기하고자 한다. 실제 『초등대한역사』 (1908년)에서도 '百濟가 … 歷年은 六百八十一年이더라'고 했듯이 663년까지로 잡았다.

이와는 달리 당의 시각에서 풍왕 정권은 정당성 없는 무리로 간주되었다. 「유인원기공비문」에서 "거짓 승려僞僧 도침과 거짓 한솔僞扞率 귀실복신은 민간에서 나와 그 괴수가 되었다"고 했다. 그리고 '거짓 왕자僞王子 부여충승·충지'라고 하였다. 당에 대적하며 풍왕 정권에 참여했던 왕족과 지도층의 신분과 계급을 인정하지 않았다. 지난 세기 중화민국에서는 일본 제국의 괴뢰정부인 만주국을 위만주국僞滿洲國으로 호칭하였다. 고려 관변 측 기록은 몽골과의 항쟁기에 삼별초가 옹립한 승화후承化侯 온溫(~1271)을 '위왕僞王'으로 일컬었다. 그리고 "위왕 신씨辛氏에 빌붙어서 재상의 지위에 이르렀고"의 '위왕 신씨'는, 신돈의 아들로 지목된 우왕을 가리켰다. 신라인들은 부여융을 '가짜왕假王'이라고 매도하

지금의 부소산 삼충사 뒷편에 세워졌던 유인원기공비. 현재 국립부여박물관 경내로 옮겨진 유인원기공비는 원위치에 세우는 게 마땅하다. 본 비석의 건립 시기를 663년으로 단정한다면, 664년 3월, 백제 유민들이 사비산성(부소산성)을 점거했을 때 1차적으로 파괴되지 않았을까? 이에 대한 해명이 필요하다.

혹자는 "비석이 부여 부소산성 경내에서 발견되었다고 알려진 것과 달리 『부여현지夫餘縣志』에서는 현縣 북쪽 3리里에 유인원의 기공비가 있다고 전하고 있고"라고 하면서 위치에 대한 이견이 있는 것처럼 소개했다. 일단 『부여현지夫餘縣志』는 『부여현지扶餘縣志』로 표기해야 맞다. 그리고 양자는 모두 동일한 곳을 가리킨다. 『세종실록』 지리지 부여현 조에는 "현의 북쪽 산 언덕에 큰 비가 하나 있는데, 글자가 깎여 없어져서 사실을 상고하기가 어렵다. 縣北山阿有一大碑 頹殘字缺事實難考"고 했다. 부여현의 북쪽 산은 부소산이다. 언덕의 큰 비는 유인원비를 가리키고 있다. 서유구徐有榘(1764~1846)는 『부여지扶餘志』를 인용해 유인원기공비가 "부소산 중대中臺에 있다"고 하였다. 유인원기공비는 이견없이 '부소산성 경내'인 부소산 삼충사 뒷편이 원 위치이다.

유인원기공비 비편.

였다. 이 사실은 "신라 별기에서 이르기를, 문무왕 즉위 5년 을축 가을 8월 경자에, 왕이 직접 대병을 이끌고 웅진성에 행차하여 가짜 왕 부여융과 회동하여 단을 만들고 백마를 죽여 맹세를 했다. 新羅別記云 文虎王卽位五年乙丑秋八月庚子 王親統大兵 幸熊津城 會假王扶餘隆 作壇刑白馬而盟(『삼국유사』 권1, 紀異, 太宗春秋公)"고 하여 보인다.

한 개 국가에 복수의 정권이 등장해 대립·경쟁할 때였다. 정당성의 기제로 상대방을 '거짓'이나 '가짜'로 폄훼하였다. '거짓'과 '가짜'는 정권의 정당성을 과시하기 위한 명분 장악 차원에서, 타도한 이전 정권이나 경쟁 상대를 매도하는 용도에 쓰였다.

당은 민심 수습 차원에서 '가짜를 폐하고 진짜를 세운다'는 '폐가입진廢假立眞'이 필요했다. 관련한 의자왕 실정의 요인을 국정 전횡의 주범인 왕후 은고에서 찾았다. 그 일차 작업으로 은고로 인한 희생자 융을 태자로 복권시켜 주었다. 복권된 융을 수반으로 백제 정권을 구성했다. 이들 구성원은 신라로부터 일부 인수받았을 것이다. 당시 신라 진영에 속했던 백제 고관들의 성격은 다음과 같다. 즉 계백과 5천 결사대가 피를 뿌린 황산 전투에서는 좌평 충상과 달솔 상영 등 20여 명의 고관들이 대거 신라군에 항복했다. 충상과 상영은 그 뒤 신라로부터 일길찬(제7관등)의 관등과 총관직總管職에 임명되어 백제인들의 회복운동을 진압하는데 앞장섰다. 특히 상영은 태종무열왕의 사위인 대야성주 김품석과 그 딸인 고타소랑의 시신을 신라측에 반환하는데 앞장섰던 인물이다. 신라 왕실의 숙원을 풀어주는데 기여했다. 신라군과 당군의 침공에 대한 대책회의 때 상영은, 당군을 먼저 공격하자는

<두 형제 왕에 대한 비교>

	부여융	부여풍
정권 성격	친당 정권	친왜 정권
의자왕과의 관계	원자, 615년 출생	아들
외국 체험과 기간	637년 당 조공사	631~661년 왜 볼모·체류
백제 때 지위	태자 → 왕자	왕자
회복운동기 지위	웅진도독 664~672년	백제 왕 661~663년
배우자		왕후(倭女)
사망	당 뤄양 북망산, 682년	유배지 영남 광시좡족자치구?

의직의 주장을 반박하면서 시간을 끌어 백제가 실기하게 하였다.

백제 유민들을 수습하기 위해 당에서 내건 명분이 '망한 것을 일으키고, 끊어진 것을 잇는다. 興亡繼絶'였다. 망한 백제를 당이 일으켜 주겠다는 것이다. 그랬기에 당은 '전백제 태자前百濟太子' 부여융을 웅진도독으로 삼아 '그 제사를 지키고, 그 땅을 보존하게 했다. 守其祭祀 保其桑梓'고 과시하였다. 신라와의 관계에 대해서는 "결호 화친하고, 황제의 명령을 공순히 받들어 영원히 (중국의) 번복이 되어라. 結好和親 恭承詔命 永爲藩服"고 했다. 이러한 기조를 당은 시종 융에게 주지시켰을 것이다. 백제를 재건해 줄 터이니, 이제는 신라와 화목하게 지내면서 번국藩國의 의무를 잘 이행하라는 취지였다. 융으로서는 믿지 않을 이유가 없었다. 융은 당에 의존해서라도 국가를 재건하고자 하였다. 친당 정권의 태동이었다.

융과 당은 왜의 힘을 빌어 나라를 회복하려는 풍왕 정권의 정당성을 인정하지 않았다. 융은 동아시아 세계의 중심인 당의 황제로부터 책봉된 합당한 지위를 지녔다. 반면 풍왕 자신이나 그 정권은 책봉받지 못한 임의 권력으로 간주했다. 융으로서는 지극히 자연스럽게 체득할 수 있는 인식이요 세계관이었다. 융은 637년 당에 조공사로 파견되었을 때 얻은 세계 인식이 주효했던 것 같다. 화려한 당 황궁의 위용은 강대한 국세를 보여주는 지표였다.

융이 어떠한 생각을 가졌을 지는 물어볼 필요도 없다.

융과 대척점에 선 풍으로서는 이와는 다른 입장에서 상대를 바라볼 수 있었다. 풍이 볼 때 융은 당의 꼭두각시 즉 괴뢰에 불과했다. 전통적으로 백제의 우호국이자 동맹은 왜였다. 백제 성왕을 지원하기 위해 파병된 왜병 1천 명은 관산성 전투에서 함몰된 바 있다. 근초고왕 이래 백제와 왜는 혈맹 관계였다. 풍이 왜와 손잡고 나라의 독립을 쟁취하려고 한 것은 자연스러웠다. 반면 융은 조국 백제를 멸망시킨 불구대천 원수 당과 손잡고 있었다. 병주고 약 주고 하는 식의, 당이 재건해 준다는 약속은 사탕발림이요, 속이는 것으로 간주했다. 당의 속국으로서 백제가 무슨 의미가 있을까 싶었다. 게다가 당군의 만행을 풍은 익히 들어서 알고 있었다. 백제인들이 멸망을 왜에 처음 알린 글월에서도 "노략질로 인해 사람이고 짐승이고 간에 남아 있지 않습니다"고 했었다. 풍은 야수같은 당의 본색을 포착했다고 본다.

풍은 왜에서 귀국할 때 5천 병력을 대동하였다. 이들이 풍의 중요한 무력 기반이었다. 왜 조정과 연결 고리를 가지고 있는 그만이 백제 재건의 구심이 될 수 있다고 믿었다. 그리고 풍 자신은 의자왕 후반기의 실정과는 아무런 연관이 없었다. 그는 백제 멸망의 책임에서 비켜나 있었다. 풍은 무려 30년이나 일본열도에 체류했었기 때문이다.

국가 재건이라는 목적에서는 일치했지만 융과 풍, 이 둘을 수반으로 한 정권은 방법에 있어서는 전혀 달랐다. 도저히 융합하지 못한채 팽팽한 평행선을 달리고 있었다.

구국의 영웅 복신

임존성은 백제인들이 나라를 되찾기 위한 운동의 시발지였다. 백제의 수도인 사비도성이 함락된 상황과 초기 전황을 왜 조정에 최초로 알린 이가 있다. 이름이 전하지 않은 달솔 신분 귀족과 승려 각종覺從이 알린 다음 기록에 잘 드러난다.

9월 기해 삭근亥朔 계묘癸卯, 백제는 달솔[이름이 누락되었음]과 사미沙彌 각종 등을 보내와서 아뢰기를 [혹본或本에는 도망해 와서 난難을 고告했다고 한다] "금년 7월 신라가 힘을 믿고 세력을 만들어 이웃과 친하지 않고 당인唐人을 끌어들여 백제를 전복顚覆시켰습니다. 임금과 신하들은 모두 사로 잡혔으며, 노략질로 인해 사람이고 짐승이고 간에 남아 있지 않습니다[혹본에는 금년 7월 10일, 대당大唐 소정방이 선사船師를 이끌고 미자진尾資津에서 진진陣을 쳤다. 신라 왕 춘추지春秋智는 병마兵馬를 이끌고 노수리산怒受利山에 진을 쳤다. 백제를 협격하여 서로 싸운지 3일만에 우리 왕성이 함락되었다. 같은 달 13일, 비로소 왕성이 격파되었다. 노수리산은 백제의 동쪽 경계였다]. 이에 서부 은솔 귀실복신鬼室福信은 혁연히 발분하여 임사기산任射岐山에 웅거하였습니다[혹본에 북 임서리산이라고 한다]. 달솔 여자진餘自進은 중부 구마노리성久麻怒利城에 웅거했습니다[혹본에는 도도기류산都都岐留山이라고 한다]. 각각 1곳에 영영營을 두고는 산졸散卒들을 꾀어 모았습니다. 병기兵器는 전번 싸움에서 모두 소모한 까닭에 몽둥이로 싸워 신라군을 격파하였습니다. 백제는 그 병기를 빼앗았습니다. 이제는 백제 병기가 번득이고 날카로와져 당唐이 감히 들어오지 못하였습니다. 복신 등이 드디어 같은 나라 사람들을 모아서 함께 왕성을 지켰습니다. 국인이 존경하여 '좌평 복신과 좌평 자진'이라 하였습니다. 오직 복신이 신무한 계략을 내어 이미 망한 나라를 일으켰습니다. 興旣亡之國(『일본서기』 권26, 齊明 6년 9월)".

백제인들의 다급한 상황 보고에서도 "이미 망한 나라를 일으켰습니다"고 했다. 멸망과 흥복을 함께 말하였다. 망한 나라를 회복한 게 흥복이었다. 약해진 세력을 다시 일으켜 세우는 의미가 아니었다. 그러므로 '부흥백제'가 아니라 '흥복백제'인 것이다. 제갈량의 「출사표」에도 "한실을 흥복해 옛 수도로 돌아가는 것이 興復漢室 還于舊都"라고 해 '흥복'이 보인다. 이 흥복 역시 '부흥'이 아니고 되찾음, 즉 한漢 황실 사직의 회복을 가리켰다. 그랬기에 역사학자 계봉우는 고구려 유민 대조영이 발해를 건국한 것을 '대조영의 흥복'이라고 했다(『우리國史(2) 中古史』維新프린트社, 1945).

각종의 보고에 보이는 '신라 왕 춘추지春秋智'의 '지'는 이름씨 뒤에 붙은 존칭어미이다. 신라 당시의 금석문에서도 한결 같이 이와 같이 표기했다. 이와 관련해 발칸반도 세르비아 사람들의 성姓은 모두 '치'로 끝나고 있다. 이름이나 성에 접미사를 붙이는 슬라브어 관습이라고 한다.

위에서 인용한 각종의 보고에는 조국을 되찾기 위한 항쟁의 영웅 복신의 용맹무쌍한 모습이 유감없이 적혀 있다. 그가 이러한 항쟁의 봉화를 처음 올린 곳이 '임사기산'으로 등장한 임존성이었다. 둘레 약 2.5km의 임존성은 '성'이 아니라 '산'이라고 했고, 또 책柵을 설치한 기록이 보인다. 이러한 책을 일러 '임존에 보堡를 쌓아'라고 한 것 같다. 현재의 임존성에는 통일신라 때 유물만 집중적으로 출토되었다. 그렇다면 임존성은 당초 봉수산에 책을 설치해 항전의 기지로 삼은 게 된다.

백제인들의 항쟁은 들불처럼 번져 나갔다. 기록에는 "무왕 종자인 복신은 일찍이 군대를 거느렸는데, 승려 도침과 함께 주류성에 웅거하여 반란을 일으켰고, … 서부가 모두 호응했다. 璋從子福信嘗將兵 乃與浮屠道琛據周留城反 … 西部皆應(『신당서』 권220상, 동이전 백제)"고 하였다. 『구당서』에서는 '그 서부와 북부가 성을 뒤집고 여기에 호응하였다. 其西部·北部並翻城應之'고 했다. 그리고 "남방의 여러 성들이 한꺼번에 모두 배반해 복신에

게 속했습니다. 南方諸城 一時
揔叛 並屬福信"고 하였다. 구국
항쟁의 중심으로 우뚝하게 복신
이 보인다. 이 역시 각종의 보고
와 어긋나지 않는다.

별신당 안의 복신 영정.

그러면 임존성은 단순히 조
국을 되찾기 위한 운동의 시발
지로서 평가 받는데 만족해야
할까? 그렇지는 않을 것이다.
너무나 인색한 평가이기 때문이
다. 임존성은 우리 나라 최초의
의병운동 발상지였다. 조국을
되찾기 위해 3만 명이 넘는 주민들이 임존성에 몰려 왔다. 그들은 정규군
이 아니요, 의분義慎으로 일어난 민초들이었다. 당시 백제의 상비군은 6만
명이지만, 상당수는 나당연합군과의 전투에서 소진되었다.

충절의 고장인 내포內浦 지역을 우리나라 의병운동의 발상지로 재조명해
야 한다. 백제 의병들을 기릴 수 있는 사당을 예산 임존성이나 그 부근 혹은
예산군 관내에 건립했으면 좋을 듯하다. 그리고 자주 사용하거나 읽게 되는
'봉기蜂起'의 사전적 의미는, '많은 사람들이 벌떼처럼 떼지어 세차게 들고
일어남'이라는, 가치 중립적 단어로 쓰인다. 그러나 전통적으로 '봉기'는 부
정적인 의미로 사용되었다. 우선 "미친 듯이 날뛰며 불러모아 임존에 보를
쌓아 웅거하고, 벌떼처럼 모여들었고, 고슴도치처럼 일어서서, 산을 가득
메우고 골짜기를 채웠다"고 했듯이, 백제인들이 국가를 회복하려는 결연한
항전을 부정적으로 묘사하면서 '봉둔위기蜂屯蝟起'의 '봉기'가 등장했다.

백제인들이 나라를 회복하기 위한 첫 항전 기록 속에 복신이 화려하게 등

장했다. 『구당서』에는 627년(무왕 28)에 '(무)왕의 조카 신복信福'이 보인다. 무왕의 조카 '신복'은 복신과는 별개의 인물로 지목하기도 한다. 『신당서』에서는 흥복운동과 관련해 '장璋의 조카 복신'이 보인다. 무왕(장)의 조카 복신은 『구당서』에 적힌 '구장舊將 복신'과 동일 인물로 지목한다. 게다가 『삼국사기』에서는 이 구절과 관련해 『구당서』에 없는 '8월'이라는 구체적인 시점이 보이고, 또 '복신'으로 기재했다. 그러므로 627년에 '(무)왕의 조카 신복'은 복신과 동일 인물로 보아야 한다. 그러면 627년의 복신과 백제 말기 복신의 동일 인물 여부를 살펴본다.

「유인원기공비문」에 보면 "거듭 반역을 도모한 즉 가짜 승려 도침과 가짜 한솔 귀실복신은 민간에서 나와 그 괴수가 되었다. 미친 듯이 날뛰며 불러모아 임존에 보를 쌓아 웅거하고, 벌떼처럼 모여들었고, 고슴도치처럼 일어서서, 산을 가득 메우고 골짜기를 채웠다. 이름을 빌리고 지위를 훔쳤다. 仍圖反逆卽 有僞僧道琛 僞扞率鬼室福信 出自閭巷爲其魁首 招集狂狡 堡據任存 蜂屯蝟起 彌山滿谷 假名盜位"고 하였다. 즉 도침과 복신이 여항 출신으로서 남의 이름을 빌리고 지위를 훔쳐서 행세했다는 것이다. 여기서 '이름을 빌리고 지위를 훔쳤다. 假名盜位'는, 일단 앞에 적혀 있는 '위승僞僧'과 '위한솔僞扞率'을 가리킨다. 이러한 경우는 만주사변을 일으킨 일제가 세운 '위만주국僞滿洲國'을 연상시킨다.

백제에 주둔한 당군 사령부는 의자왕의 아들 부여융을 수반으로 하는 친당 정권을 옆구리에 끼고 있었다. 이들의 입장에서 복신과 도침은 정당하지 않은 권력 즉 가짜였다. 말할 나위 없이 「유인원기공비문」은 당측에서 백제군 지도부를 폄훼하기 위한 목적에서 쓰였다. 그러나 깡그리 허위 사실이라기 보다는 이러한 표현이 나오게 된 배경과 관련해 일말의 사실성 여부를 타진해 볼 필요가 있다. 가령 '가명假名' 즉 이름까지 빌렸다는 것과 관련해, 무왕의 조카인 부여복신扶餘福信과 귀실복신鬼室福信을 서로 다른 인물로 볼

여지는 없을까?

복신은 627년 당에 사신으로 파견되었다. 그럼에도 그는 무려 33년의 장구한 세월이 흘렀음에도 은솔(3품)과 한솔(5품)로 기록에 보인다. 이것은 납득하기 어려운 일이다. 백제가 당에 보낸 사신 이름으로 유일하게 확인되는 복신의 관등이 상급 국가에 대한 외교 의례상 저급하지 않았다고 본다. 더구나 당 태종의 답서에 보면 "나는 왕의 조카 복신과, 고구려와 신라의 사신에게 모두 화호를 통해 함께 화목할 것을 일러 두었다"고 하였다. 백제 외교 사절의 수석이었기에 복신을 직접 거론했다. 그러한 복신의 관등이 그로부터 33년이 지난 연후에도 은솔이나 한솔 따위에 머물러 있지는 않았을 것이다. 오히려 627년 당시 무왕의 조카 복신은 이보다 높은 관등을 지녔어야 한다. 게다가 627년 무왕의 조카 복신에서 660년까지는 무려 33년이 흐른 기간이다. 복신이 627년에 24세였다면, 660년 당시는 노인에 속하는 57세이므로, 병마를 지휘했는지는 의문이다. 적어도 양자를 동일 인물로 간주하고 627년에 그가 34세였다면 660년에는 67세가 된다.

게다가 의자왕의 사촌형제 그러니까 일반 왕족도 아니고 국왕의 핵심 가계를 이루는 사촌 가계가 귀실씨로 분지分枝한다는 것은 사세에 맞지도 않다. 그 밖에 「유인원기공비문」에서 복신을 왕족이 아니라 '여항' 출신이라고 했다. 따라서 귀실복신이 왕족으로서의 권위와 명성을 함께 지닌 부여복신을 '가명'한 것으로 보는 게 타당하다. 진말秦末에 진승陳勝은 무고하게 죽은 진시황의 장자 부소扶蘇와 생사를 모르는 초의 명장 항연項燕을 자칭한 사례가 있다. 기반이 없었던 복신이 명성을 지녔던 왕족의 이름을 가탁해 권위도 세우고 세력 규합을 용이하게 했을 수 있다. 사실 복신이 왕족이었다면 풍왕을 옹립할 게 아니라 스스로 즉위하지 못할 이유가 없었다. 혈통이라는 자격뿐 아니라 조국회복전쟁에서 보인 눈부신 군사적 성취가 뒷받침했기 때문이다.

그런데 『삼국사기』에서 복신을 가리켜 "일찍이 군사를 거느렸다"고 하였다. 『구당서』에서는 그를 일러 '옛 장수'라고 한 점을 상기할 때, 복신은 군사적 업무를 관장했는지도 모른다. 이러한 기록이 맞다면 복신의 경력은 군사적 역량을 발휘하는데 주효했을 것이다. 그의 용맹과 지략은, 나당연합군의 침공으로 수도인 사비도성이 함락되어 멸망한 상황과 흥복운동을 왜 조정에 최초로 알린 승려 각종의 보고에 잘 드러났다.

　백제 멸망시 복신의 관등은, 부소산 기슭에 세워졌던 유인원기공비에 적혀 있듯이 한솔이었다. 이후 그의 전공戰功에 비례해 은솔과 좌평으로 계속 승급되었다. 「유인원기공비문」과 『일본서기』에 의하면 복신은 임존성 일원을 근거지로 하였다. 그는 흑치상지와 함께 이곳에서 흥복운동을 주도한 것이다.

　그 밖의 지역에서도 조국회복운동은 들불처럼 번져갔다. 승려 도침道琛

일본 시가현 가모군浦生郡 히노정日野町 고노촌小野村에 소재한 귀실복신의 아들 귀실집사를 제사지내는 기시츠鬼室 신사.

은 주류성周留城에서 일어났다. 복국(흥복)운동은 초기에는 구심도 없이 산발적으로 일어났고, 숱한 지역에서 궐기했다. 이후 가장 정비되고 많은 병력을 장악하고 있던 도침과 복신을 중심으로 점차 통합되었다.

본서에서는 '부흥운동' 용어의 부당성을 알리는 취지로 대안이 되는 용어들을 구사해 보았다.

승려 출신 의병장 도침

백제군의 기세는 회복운동의 또 다른 한 축軸인 도침의 호기로운 면모에서 엿보인다. 도침은 승려 출신 백제군 지도자로서 주류성을 근거지로 회복운동을 전개하던 중 복신의 백제군 주력과 연합한 것 같다. 그의 이력은 알려진 바 없지만 승려로서 예하의 병력을 거느리고 있었던 점을 생각할 때 사원 조직을 기반으로 한 것으로 추측하고 있다.

당시 국왕 측근의 전략가로서 승려의 역할이 막중했다. 도침의 위상 또한 조정과 연결되어 있는 고위 승려였음을 암시해 준다. 그렇지 않고서는 일개

세종시 운주산 고산사는 도침대사 영정과 백제군 장수들의 위패를 모시고 분향하고 있다.

승려 신분으로 나라가 멸망한 혼란된 상황에서 비상시국의 지도자로 부상하기는 어려웠을 것이다. 이와 관련해 왜에 가장 먼저 백제 멸망을 알린 각종의 신분이 승려였다. 각종은 도침 예하의 인물로 지목하지만 타당하지 않다. 만약 그랬다면 각종의 보고에 도침이 언급되지 않았을 리 없다. 각종은 향후 복신 세력과 왜를 연결짓는 고리 역할을 한 것은 분명하다.

도침은 스스로 영군장군領軍將軍이라 일컬었다. 당시 상잠장군霜岑將軍으로 일컬었던 복신과 더불어 위세를 크게 떨치고 있었다. 영군장군과 상잠장군 호號는 중국의 장군호에는 보이지 않는다. 복신이 좌평을 자칭했던 것처럼 기존 백제의 장군호를 칭했던 것 같다.

당군을 연파한 직후 도침은 유인궤에게 사신을 보내 "듣건대 대당이 신라와 서약하고 백제인 노소를 묻지 않고 모두 죽인 다음에 나라를 신라에 넘겨준다 하니, 죽음을 받음이 어찌 싸워서 죽는 것만 같으리요. 이것이 서로 모여 굳게 지키는 까닭이다!"고 꾸짖었다. 그러자 유인궤가 글월을 지어 화복禍福을 자세히 말하고 사람을 보내 달래기도 했다. 그러나 도침은 군대가 많음을 믿고 한껏 호기를 부리면서 유인궤의 사자를 외관外館에 두고 비웃으며 답하기를 "사자의 벼슬이 낮다! 나는 한 나라의 대장이니 만나기에 합당치 않다!"고 말하면서 서한에 답하지 않고 그대로 돌려 보냈다.

한번은 이런 일도 있었다. 복신은 유인원이 외로운 성城에서 원병도 없이 칩거하고 있자 사신을 보내 위로하기를 "대사大使들이 언제 서쪽으로 돌아가는지, 마땅히 사람을 보내 전송餞送하겠노라!"고 조롱하였다. 도침의 모욕에도 유인궤는 군사가 적기 때문에 섣불리 공격할 엄두를 내지 못했다. 다만 유인궤는 유인원의 군대와 합세해 신라와 힘을 모아 공격을 도모할 따름이었다.

풍왕의 환국

왜에 있던 풍豐 왕자의 환국이 이루어졌다. 백제군은 국토 전역의 200여 개 성을 회복했다고 한다. 당군이 주둔한 웅진성과 사비도성 일원을 제외하고 모두 석권한 것이다. 이렇듯 국토 회복이 빠르게 진행되었기에, 국가 체제의 완결을 위해 국왕을 옹립하였다. 의자왕 아들의 대부분은 백제 멸망시 사로잡혔거나 당에 끌려가 있었다. 따라서 이때 물망에 오른 의자왕의 아들은 왜국에 있는 풍 왕자와 선광 그리고 새성 등이 거론되었을 것이다. 이 중 가장 서열이 높은 왕자가 풍이었던 듯하다.

풍장豐璋으로도 표기되고 있는 풍은 631년(무왕 31) 3월 왜에 파견된 이래 계속 체류하고 있었다. 풍은 백제에서 가져온 벌통 4개를 일본열도의 나라 분지奈良盆地에 소재한 미와산三輪山에서 놓아 기른 적이 있었다. 비교적 유유자적하면서 소일하던 모습을 엿볼 수 있다. 그러던 그에게 기르던 벌들이

왜의 히미코 여왕릉으로 비정하고 있는 나라현 사쿠라이시에 소재한 하시하카 고분의 일부. 그 뒷쪽 왼편으로 멀리 미와산(표고 467m)이 보인다.

끝내 번식하지 않았던 때와는 달리, 백제 멸망은 좌절감을 뛰어 넘어 생애의 엄청난 시련의 서곡을 알렸다. 양봉養蜂 실패담은 그 생애에 대한 암울한 암시로 해석하기도 한다.

흥복이 이루어지는 661년, 풍은 국가 회복의 부푼 꿈을 안고 어언 30여 년 만에 조국 땅을 밟았던 것이다.

풍의 환국이 늦어졌던 것은 백제군 내부의 사정과도 무관하지 않았을 것이다. 그러나 661년 후반 이후 신라측의 공세가 고구려와의 전쟁으로 옮겨 감에 따라 공세가 뜸해진 틈을 타고 이루어진 것 같다. 그에게는 신라군과 당군을 몰아내고 국가를 온전히 회복해야할 책무가 양 어깨에 무겁게 걸렸다. 이와 관련해 무엇 보다도 왜의 지원이 절실했다. 그랬기에 흥복한 백제의 거점은 왜와의 교류가 용이한 금강 이남 지역에 소재했을 것이다. 주류성 소재지를 결정 짓는 포인트로 보인다.

풍왕은 환국하면서 왜의 원군을 이끌고 왔다. 그런데 그의 환국은 661년 9월 혹은 662년 5월로 서로 다르게 적혀 있다. 두 기사를 다음과 같이 소개한 후 검토해 보기로 한다.

* 9월 황태자가 나카쓰궁長津宮에서 직관織冠을 백제 왕자 풍장에게 주고, 또 오호노오미 코모시키多臣蔣敷의 누이를 아내로 삼게 하였다. 그리고 대산하大山下 사이노무라치 아치마사狹井連檳榔와 소산하小山下 하타노 미야스코 에치노 다쿠쓰秦造田來津를 보내 군사 5천여 명을 거느리고 본국에 호위하여 보내 주었다. 이에 풍장이 나라(백제)에 들어갈 때 복신이 맞이하러 와서 머리를 조아리고 나라의 정사를 모두 맡겼다(『일본서기』권27, 齊明 7년 9월).

* 5월 대장군 대금중大錦中 아츠미노히라부노 무라치阿曇比邏夫連 등이 수군 170척을 이끌고 풍장 등을 백제국에 보내고, 칙勅하여 풍장에게 그 자리를

계승하게 하였다. 또 금책金策을 복신에게 주고 그 등을 어루만지며 칭찬하여 작록을 내려 주었다. 그때 풍장과 복신이 이마가 땅에 닿도록 절하며 칙을 받자 사람들이 눈물을 흘렸다(『일본서기』 권27, 天智 원년 5월).

두 기사의 내용은 비슷하지만 구체적인 사안과 시점에서는 차이가 난다. 단순한 착란이거나 중출重出인 것 같지는 않다. 절박한 상황에 놓인 백제에 대한 왜의 우월적 지위를 강조한 데 목적을 둔 조작 같았다. 이와 더불어 『일본서기』에서 규해紀解라는 특이한 이름으로 등장하는 인물을 풍왕으로 지목해 왔다. 661년 4월 복신은 왜에 사신을 보내 왕자 규해를 맞이하게 해 달라고 했다. 이와 관련한 고구려 승려 도현道顯의 『일본세기』에서는 "백제 복신이 글을 올려 그 임금 규해를 동조東朝(倭)에 구했다"고 하였다. 이 구절의 전문은 "夏四月 百濟福信遣使上表 乞迎其王子糾解[釋道顯日本世記曰 百濟福信獻書 祈其君糾解於東朝]"이다.

여기서 '그 왕자 규해 其王子糾解'와 '그 임금 규해 其君糾解'는 동일 인물을 가리킨다. 의자왕이 당으로 압송된 이후 당시 백제에는 국왕이 없었고, 왕자들만 존재했다. 여기서 '其王子'의 지시대명사 '其'는, 앞에서 등장한 '백제'를 중복 표기하지 않으려는 의도이므로, '백제 왕자'의 뜻이다. 그리고 '군君'은 '백제 가수리군[개로왕이다]百濟加須利君[蓋鹵王也](『일본서기』 권14, 雄略 5년)'에서 보듯이, 왕을 일컫는다. 따라서 '백제 왕 풍장, 그아우 새성과 충승 百濟君豐璋·其弟塞城·忠勝(白雉 1)'의 백제군은, 가수리군 = 백제 왕과 등가치이다. 따라서 '백제군 풍장'은 '백제 왕 풍장'을 가리킨다. 이렇듯 복신이 영접하려고 한 국왕은 풍왕이었다. 그러므로 '그 임금 규해'는 풍장으로 보아야 한다. 시간의 진행과 사료 가치에 비추어 볼 때 풍왕은 661년 9월 귀국한 기록이 자연스럽다.

기실 풍왕의 옹립과 환국 추진은 백제군 내부의 복잡한 역학관계의 산물이었다. 당시 백제군 내부에는 도침과 복신이라는 두 명의 걸출한 지도자가 있었다. 그런데 효과적으로 국가회복운동을 추진하려면 두 세력을 통합해야 했다. 그러나 주도권 경쟁에서 양자는 팽팽히 맞서 있었다. 특히 왕족을 연상시킨 복신은 전공을 쌓아 명성을 얻고 있었다. 그대로 두면 복신이 국가 수반이 될 수 있는 상황이었다. 세력은 도침이 강대했지만 승려라는 한계가 있었기에 결국 양자가 타협해 제3의 인물인, 바다 건너 풍 왕자를 옹립하기로 했다. 풍 왕자는 왜에 체류한 지 30년이 넘은 관계로 국내 정정政情에 어두웠다. 이 점은 도침과 복신 모두 계산에 넣어둔 사안이었다.

풍왕의 환국에 따라 회복운동의 분위기는 쇄신되었고 사기 또한 크게 올랐다.

풍과 융 사이에서 고뇌하는 흑치상지

백제를 멸망시킨 당군 진영에는 융이 있었다. 사비도성 함락 직후 김법민 태자에게서 침세례까지 받았던 그였다. 그의 신병은 즉각 당군에 이첩되었다. 당으로서는 쓸모 있는 존재가 융이었다. 당은 백제 정벌의 명분을 그 내부에서 찾아야 했다. 그랬기에 「대당평백제국비명」에서 보듯이 "항차 밖으로는 곧은 신하를 버리고, 안으로는 요부妖婦를 믿었으며, 형벌이 미치는 바는 오로지 충성스럽고 선량한 이忠良에게 있었다"고 비문에 새겨놓았다. '정림사' 탑신의 「대당평백제국비명」은 백마강가 소정방비의 비문을 복각한 것이다(이도학, 『쟁점, 한국고대사 그 해답을 찾다』 주류성, 2024, 246~249쪽).

당으로서는 융을 억울한 피해자로 만들 필요가 있었다. 이와 관련해 「대당평백제국비명」의 "그 왕 부여의자 및 태자 융, 외왕 여효로부터 13인과 아울러 대수령 대좌평 사타천복·국변성 이하 7백여 인 其王扶餘義慈及太

子隆 自外王餘孝一十三人 并大首領大佐平沙吒千福國辯成以下七百餘人"라는 구절은, 당군에 생포된 의자왕과 왕족 및 고관들의 명단이었다. 여기서 의자왕 바로 뒤에 융이 '태자'로 적혀 있다. 『삼국사기』에는 백제가 무너지는 660년 7월 시점에서 효는 '태자'로, 융은 '왕자'로 등장했다.

이러한 신분 차이는 심대하게 받아들여야 한다. 융은 동일한 『삼국사기』에서 의자왕 4(3)년에 태자로 책봉된 기사가 있다. 그런데 의자왕 말년의 『삼국사기』에서는 효가 태자였고, 융은 왕자로만 적혀 있었다. 반면 백제 당시의 현장 기록인 「대당평백제국비명」에서 융은 '태자'였다. 태자였던 융이 폐태자가 되었고, 효가 새로운 태자가 되었지만, 백제 멸망과 엮어져 반전된 사실을 뜻한다. 폐태자 사건은 정치적으로 엄청난 사변이었기에 정변을 짚을 수 있게 한다.

당군이 새긴 비문에서는 융이 태자로 적혀 있다. 이때 백제 멸망의 원인으로 의자왕은 거론되지 않았다. 반면 백제 멸망의 주범으로 '요부'를 지목했다. 이 '요부'를 사서 기록과 맞춰 볼 때 "혹은 말하기를 백제는 스스로 망했다. 군대부인君大夫人 요녀妖女의 무도無道로 말미암아 국병國柄을 멋대로 빼앗아 어질고 착한 이賢良를 주살한 까닭에 이 화禍를 불렀으니 삼가지 않을 수 없다(『일본서기』 권26, 제명 6년 7월)"고 하여 보인다. 그리고 "백제왕 의자, 그 처 은고, 그 아들 융 등 그 신하 좌평 천복·국변성·손등 등 무릇 50여 인이 가을 7월 13일에 소蘇 장군에게 잡힌 바 되어 당으로 보내졌다. 百濟王義慈 其妻恩古 其子隆等 其臣佐平千福·國辨成·孫登等凡五十餘人 秋七月十三日 爲蘇將軍所促 而送去於唐國(『일본서기』 권26, 齊明 6년 10월)"는 기록 속에 의자왕의 왕후로 은고가 등장한다. 이러한 지금까지의 기록을 놓고 교차 확인해 볼 때 요녀 = 군대부인 = 은고 등식이 가능하다.

『일본서기』에서도 의자왕의 아들 가운데 융만 기재되어 있다. 의사왕의 여러 왕자 가운데 융의 비중이 가장 지대했음을 뜻한다. 어쨌든 「대당평백제국비명」에서 융을 '태자'로 기재한 것은, 융에 대한 복권이었다. 그럼으로써 의자왕 정권 후반기 국정을 농단한 은고 정권의 부당성을 폭로한 것이다. 당이 백제를 침공한 동기를 '파사현정破邪顯正'에서 찾는 방식과 다르지 않았다. 당은 침략자가 아니라 번속蕃屬 백제 내부의 그릇된 파행을 바로잡아 주는 데 있음을 천명한 것이다. 당은 백제 정벌을 침략이 아니라 정당성을 지닌 정의의 징벌전으로 만들었다.

그런데 백제 멸망 직후 나라를 되찾기 위한 항쟁이 들불처럼 도도하게 번져갔다. 백제 재건에 대한 약속도 이행하지 않았을뿐더러 당군의 의자왕에 대한 모욕과 만행이 발단이 되었다. 예를 들어 보면 "(태종무열) 왕과 소정방 및 여러 장수들이 당상堂上에 앉고, 당하堂下에는 의자 및 아들 융이 있었다. 더러 의자로 하여금 술을 따르게 하자 백제 좌평 등 뭇 신하들은 오열하며 눈물 흘리지 않은 이가 없었다(『삼국사기』 권5, 태종 무열왕 7년)"거나 "흑치상지는 소관 부部를 거느리고 항복했으나 소정방이 늙은 왕을 가두고 군대를 풀어 크게 약탈하자 상지가 두려워해 좌우 수장 10여 인과 더불어 달아났다(『삼국사기』 권44, 흑치상지전)"고 하였다.

당군으로서는 성난 백제인들의 민심을 다독일 필요가 있었다. 이와 관련해 당군이 전면에 내세울 수 있는 이로는, 의자왕의 적자였지만 폐태자인 비운의 왕자 융만한 인물이 없었다. 660년 8월 15일에 세워진 소정방비의 「대당평백제국비명」에는 이미 '5도독부 37주 250현'에 대한 구상이 마련되어 있었다. 백제 전역에 대한 통치 구상이 확립되었던 것이다. 응당 융을 수반으로 한 도독부 체제를 설계했었다. 그리고 663년 4월에 신라와 문무왕을 각각 계림대도독부와 계림주대독으로 삼고자 한 밑그림이 마련된 것이다.

백제와 신라에 대한 도독부 체제는 당의 구속력을 강화하면서, 독립국을 유지하게 하는 당근과 채찍의 기미책羈縻策이었다. 당은 융에게 백제 재건 즉 기미주羈縻州 설치를 약정했을 것이다. 당이 당초부터 백제를 멸망시키는 것은 하책에 불과했다. 이 기회에 당은 백제를 순치시켜 신라와 함께 세계 종속시키려고 하였다. 지푸라기라도 잡는 심정인 융은 당군과 행보를 함께 하면서, 나라의 회복을 위해 한 발짝 두 발짝 나가는 것으로 믿을 수밖에 없었다.

〈백제 왕성과 오방성〉

	『주서』 백제 조	『북사』 백제 조	『한원』 인용 「괄지지」
왕성	고마성固麻城	구발성 또한 고마성이라 한다. 俱拔城 亦曰 固麻城	백제 왕성은 (둘레가) 사방 1리 반이다. … 1개 부에는 5백인이 있다. 百濟王城 方一里半 … 一部有兵五百人
중방	고사성古沙城	고사성	또 서울 남쪽 260리에 고사성이 있다. 성은 사방 150보인데, 이곳이 그 중방이다. 又國南二百六十里 有古沙城 城方百五十里步 此其中方也
동방	득안성得安城	득안성	서울 동남 1백 리에 득안성이 있다. 성은 사방 1리인데, 이곳이 그 동방이다. 國東南百里 有得安城 城方一里 此其東方也
남방	구지하성久知下城	구지하성	서울 남쪽 360리에 변성이 있다. 성은 사방 130보인데, 이곳이 그 남방이다. 國南三百六十里 有卞城 城方一百三十步 此其南方也
서방	도선성刀先城	도선성	서울 서쪽 350리에 역광성이 있다. 성은 사방 2백 보인데, 이곳이 그 서방이다. 國西三百五十里 有力光城 城方二百步 此其西方也
북방	웅진성熊津城	웅진성	서울 동북 60리에 웅진성이 있는데, 고마성이라고도 한다. 성은 사방 1리 반인데, 이곳이 그 북방이다. 國東北六十里 有熊津城 一名固麻城 城方一里半 此其北方也
	"그(백제국) 나라는 ……동서 450리, 남북 900여 리이다(『주서』·『북사』 백제)"		

융이 당군과 행보를 함께 한 것은, 생애에 있어서 또 하나의 거대한 변곡점이었다. 그러한 융과 엮어지는 인물이 흑치상지黑齒常之였다. 흑치상지(630~689)는 서부西部 출신 백제 말기 무장으로서 풍달군장風達郡將 관직에 있었다. 풍달군은 「진법자 묘지」에 보이는 품달군장稟達郡將의 품달군과 동일한 지역으로 보인다. 그리고 서부는 다음에서 보듯이 백제 전국을 구획한 5방 가운데 서방을 가리킨다.

위의 기록에 보이는 북방성인 웅진성은 지금의 공주이다. 수도인 부여에서 동북 60리에 소재했다. 동방성인 득안성은 논산의 연산이었다. 이곳은 부여에서 100리로 적혀 있다. 중방성인 고사성은 부여에서 260리 떨어진 정읍의 고부였다. 그런데 서방의 도선성은 부여에서 350리 떨어져 있었다. 부여에서 서쪽 해변까지는 90리도 되지 않는다. 이때 백제의 동서 전체 길이는 450리였다. 그러므로 백제의 서방 거점 도선성은 서해에 소재한 도서에서 찾을 수밖에 없다.

이와 관련해 백제 사방 영역을 "동북은 신라에 이르고, 서로는 바다를 건너 월주에 이르고, 남으로는 바다를 건너 왜국에 이르고, 북으로는 바다를 건너 고구려에 이른다. 東北至新羅 西渡海至越州 南渡海至倭國 北渡海至高麗(『구당서』 권199상, 동이전 백제)"고 구체적으로 묘사했다. 여기서 백제의 서쪽 영역이 닿는 곳을 월주라고 하였다. 월주는 지금의 저장성浙江省 사오싱시紹興市를 가리킨다. 백제의 삼면을 국가와 접하는 것으로 기술했지만 서쪽만 구체적으로 중국 동부 연안 지역을 특정했다. 이는 백제의 서쪽 영역, 즉 해상 영역의 존재를 뜻한다고 본다. 서해의 부속 도서들에도 백제의 행정력이 미쳤다는 반증이다.

백제 개로왕이 472년 북위에 보낸 국서에서 "저희 서쪽 경계 소석산북국 바다 가운데서 시체 10여 구를 발견했는데 臣西界小石山北國海中 見屍十餘 …"라는 구절에 보이는 '소석산북국'은, 마한 54개국 가운데 하나인 '소석사국小石索國·대석사국大石索國'에 해당하는 것 같다. 이 두 섬은 대소 규모 차이 외에도 남북으로 인접한 것으로 보인다. 그리고 "나라 서남에는 사람이 거주하는 섬이 15곳인데, 모두 성읍이 있다. 國西南人島居者十五所皆有城邑(『수서』 권81, 동이전 백제)"고 했듯이 백제의 행정 단위로 편제된 도서가 15곳이었다. 따라서 백제 서방성은 서해 도서에 소재한 것으로 보는 게 합당할 것 같다.

흑치상지의 출신지가 서부인데다가 초기 거점이 임존성이었다. 이로 인해 임존성의 행정 구역을 서부로 간주하는 경우가 있었다. 나아가 흑치상지의 출신 거점을 임존성으로 단정하기도 했다. 그러나 후술하였지만 임존성은 백제 당시에는 존재하지 않았다. 임존산에 목책을 설치하고 항쟁의 거점으로 삼은 것이다. 신라 통일기에 지금의 석성이 축조되었다. 그러므로 임존성을 백제 서부나 서방과 결부 지어 의미 부여하는 작업은 도로徒勞이다.

백제 멸망 후 흑치상지는 임존성(충청남도 예산)을 거점으로 복신·도침 등과 함께 회복운동을 이끌었다. 회복운동이 끝나갈 무렵 그는 당에 귀부했고, 이 후 부여융을 도와 웅진도독부의 관인官人으로서 복무하였다. 웅진도독부가 해체된 후 그는 당에 들어가 돌궐과 토번을 무찌르는 데 전공戰功을 많이 세워 현달했다. 흑치상지는 지금의 외몽골 지역을 관할하는 연연도대총관燕然道大總管 직에까지 이르렀으나 모함을 받아 투옥投獄된 후 옥중에서 자결하였다.

「흑치상지 묘지」

흑치상지의 묘지석은, 1929년 10월 도굴꾼들에 의해 허난성 뤄양 북망산에 소재한 한 개의 묘광이 파헤쳐짐에 따라 그의 아들 흑치준黑齒俊의 묘지

석과 함께 출토되었다. 묘광에는 이들 부자父子의 것으로 보이는 유체遺體 2
구軀를 비롯해 한옥漢玉과 금은동기金銀銅器·도와기陶瓦器 등이 부장되어 있
었다. 현장을 지켜본 이의 회고에 따르면, 2구의 시신 중 1구는 유독 컸는데
9척 정도의 장신이었다고 한다. 기록을 보면 흑치상지는 신장이 7척이 넘었
다고 하는데, 2m가 훌쩍 넘는 장신이었다. 목격자가 9척을 운위할 정도라
면 미라 상태로 확인된 것이다. 사람이 한을 품고 죽게 되면 시신이 썩지 않
는다는 말이 있다. 억울하게 투옥되었다가 옥중에서 자결한 흑치상지가 아
닌가?

북경의 골동품상이 이들 부장품을 구입해 갔으나, 값이 비싸고 반출이 어
려워 남아 있던 묘지석은 처음 리젠위안李根源(1879~1965)이 구하여 보관하
였다. 그 후 이들 묘지석은 쑤저우蘇州의 문관회文管會에 기증되었고 현재는
난징박물원南京博物院에 소장되어 있다.

흑치상지 묘지석은 리젠위안의 아들인 리시비李希泌(1918~2006)가 편집
한『곡석정로장당묘지曲石精盧藏唐墓誌』(1986)에서 가장 먼저 체계적으로 소
개되었다. 이 책에는 흑치상지와 그 아들 흑치준의 묘지석 탑본 사진과 더
불어 간략한 설명문이 첨부되어 있다. 그로부터 3년 후에 베이징도서관금
석조北京圖書館金石組에서 펴낸『베이징도서관장 중국역대 석각탁본회편北
京圖書館藏中國歷代石刻拓本准編』제18책에 흑치상지 묘지석 탑본 사진이 거
의 완벽한 상태로 게재되었다. 또 같은 해 류쩽쳥劉正成(1946~)이 편집한
『중국서법감상대사전中國書法鑑賞大辭典(上)』에는 흑치상지 묘지석 항목과
더불어 그 서체가 언급될 정도로 널리 알려졌다. 이렇듯 흑치상지 묘지석은
1980년대 후반에 접어들어 소개되었다.

흑치상지 묘지석은 상태가 양호했기에 판독되지 않은 글자는 없다. 묘지
석의 크기는 거의 정방형에 가까운 가로 71cm, 세로 72cm였다. 그리고 서
체는 구양순체풍歐陽詢體風의 단정한 해서楷書로 도합 41행 1604자가 쓰여

졌다. 그 필치는 "아름답지
만 예쁘지 않고, 소산蕭散·준
랑俊朗의 정취가 있다"는 평
을 받고 있다. 문자 가운데는
측천무후 시기則天武后時期
(685~704)에 사용되었던 이
른바 무주신자武周新字가 곧
잘 보인다. 묘지의 작성 시기
가 측천무후 집정기인 당 성
력聖曆 2년(699), 흑치상지의
묘를 개장할 때여서이다.

「흑치상지 묘지」 탑본.

「흑치상지 묘지」는 대략 6 단락으로 나뉘어진다. 제 1단락은 첫 행인데,
제액題額에 해당하는 데 흑치상지가 당에서 받은 관작 및 추증追贈된 관작
등이 적혀 있다. 즉 '大周故左武威衛大將軍檢校左羽林軍贈左玉鈐衛大將
軍燕國公黑齒府君墓誌文幷序'이다. 제 2단락은 2행 첫줄부터 3행 18줄까
지가 된다. 서序의 첫머리에서 흑치상지 생애에 대한 평가를 운문韻文 형태
로 개괄했다.

제 3단락은 3행 19줄부터 7행 32줄까지이다. 가문 내력과 품성 및 수학修
學 그리고 백제에서의 관력官歷이 적혀 있다. 여기서 흑치씨는 본디 부여씨
왕족인데, 흑치에 봉封해졌기에 자손들이 이를 씨氏로 삼았다는 씨성의 기
원을 밝히고 있다. 그리고 증조부부터 부父와 자신에 이르기까지 4대에 걸
쳐 모두 제2관등 달솔이었음을 적어 놓았다. 품성의 고상함과 선량함에 성
실성을 칭송하였으며, 어렸을 때 수학과 관련한 일화를 소개했다.

제 4단락은 7행 33줄부터 23행 10줄까지인데, 당인唐人이 되기까지의 내
력과 당에서의 공훈과 관력 그리고 그의 죽음에 대한 기록이다. 그가 당의

타이완의 빈낭. 자주 섭취하면 치아가 검게 변색된다. 풍속으로서의 흑치는, 지명으로서의 흑치와는 직접 관련이 없다.

군정 기구인 웅진도독부의 관인이 되어 백제 땅으로 돌아와 웅진성대熊津城大 즉 웅진성주로 복무하였고, 다시금 당으로 들어간 것으로 적혀 있다. 이후 그는 무장으로서 승승장구 출세가도를 달린 공적과 관련한 수사적 칭송이 가득 수록되어 있다.

제 5단락은 23행 11줄부터 36행 11줄까지이다. 흑치상지의 장자인 준俊의 신원伸寃 요청과 허락의 제制, 개장 요청과 허락의 칙勅으로 구성되어 있다. 성력聖曆 2년(699)에 측천무후

타이완 타이페이 시장의 빈낭 가판대.

가 칙을 내려 그 해 2월 망산의 남쪽 관도官道 북쪽에 이장했음을 밝히고 있다. 제 6단락은 24행 첫줄부터 끝 행까지인데, 흑치상지의 생애를 칭송한 명銘이다.

이러한 「흑치상지 묘지」를 통해 몇 가지 중요한 사실이 확인된다. 첫째, 흑치씨의 내력을 "그 선조는 부여씨扶餘氏에서 나와 흑치黑齒에 봉封해졌으므로 자손이 인하여 씨氏로 삼았다"고 했다. 여기서 흑치는 중국 문헌에 자

주 등장하는 동남아시아 지역의 군도群島 가운데 필리핀으로 비정된다. 백제는 부남국扶南國인 지금의 캄보디아와도 교역을 하였다. 성왕대에는 승려 겸익謙益이 해상 실크로드를 이용해 중인도中印度에 가서 불경을 구해왔다. 말할 나위없이 동아시아와 남아시아 지역을 누비고 다니는 백제의 뛰어난 조선술과 항해술을 전제하지 않고서는 설명이 어렵다.

중요한 사안은 흑치의 위치이다. 「흑치상지 묘지」에 따르면, 부여씨 왕족이었던 조상들이 흑치에 분봉됨에 따라 흑치씨가 되었다고 한다. 거점 지역에 왕족을 파견해 통치하게 하는 담로 제도의 일면을 엿볼 수 있다. 흑치의 위치에 대해서는, 타이완의 량자빈梁嘉彬(1910~1995)은 일찍이 필리핀으로 비정하였다.

흑치, 충남 예산 설 :

충청남도 예산에 '검은산'이 소재했다고 해석한다. 현지의 금오산을 검은산으로 받아들인 것이다. 그렇다고 하더라도 검은산黑山을 '오산烏山' 즉 흑치와 관련 지을 수 있는지 검증해 본다. 검은산은 당대唐代의 요서 지역이나 몽골을 비롯해 평북 태천·대관·동림군, 함남 금야군과 경기도 안성·경남 거창·강원도 평창·전남 영광 등지를 비롯해 무수히 확인되고 있다. 이렇듯 '검은산'은 일단 흑치 지명과 관련한 고유명사로서의 변별력은 없다.

그러면 검은산 = 오산설을 검증해 본다. 지금의 예산군 예산읍은 백제 때 오산烏山이었다. 오산은 통일신라 경덕왕대를 전후해 고산孤山으로 지명이 바뀌었다. 고려 초에 이르러 현재의 예산禮山 지명이 생겼다. 경덕왕대를 전후해 행정지명을 바꿀 때는 종전에 사용한 지명의 음音을 한역漢譯하는 형식이 많았다.

오산烏山이 고산孤山으로 바뀐 배경은, '오산'을 '외산山'으로 읽었기에 '외로울' '고孤' 자字를 넣어 고산孤山으로 지명이 바뀐 것이다. 오산을 결코 '검은산'과 관련 짓지 않았다. 오산을 '검은산'과 관련지었다면 '흑산黑山'으로 고쳤어야 한다.

이와 관련해 필리핀의 박물관에서는 신라·가야 토기가 전시되어 있었다. 이들 토기가 날개가 달려서 날아왔을 리는 없다. 고대 한국인들의 필리핀 진출을 알리는 물증이 아니던가? 그리고 TJB TV 백제 기획에서 푸켓박물관 타와치이 학예관이 '비록 작은 수이지만 태국 일부 지역에서는 한국식 도자기가 발견되고 있습니다(2012.11.12. 오후 8시 뉴스)고 증언했다. '한국식 도자기'가 청자나 백자일 리 없다. 거듭 말하지만 필리핀 박물관에서는 우리나라 삼국시대 토기가 전시된 바 있다(이도학, 『百濟 都城研究』서경문화사, 2018, 164쪽 각주30)는 사실을 환기시킨다.

둘째, 신분제도에 관한 문제이다. 증조부 문대文大부터 흑치상지 자신에 이르기까지 4대에 걸쳐 제2관등인 달솔까지밖에는 진급하지 못했다. 이는 신라의 두품제頭品制 같은 신분 상승 규제가 작동하였음을 말해준다. 부여씨에서 분화된 흑치상지 가문은 승급의 한계가 그어졌던 것으로 보인다.

동아일보 연재 '장편 흑치상지' 첫회 삽화. 해방 후 서울대 미대 학장을 역임한 노수현 화백이 그렸다.

주인공 흑치상지가 등장하는 삽화.

셋째, 백제 귀족들의 학문적 소양을 살필 수 있

다. 묘지에는 흑치상지가 어렸을 때 『춘추좌씨전』·『사기』·『한서』같은 역사책과 『논어』를 읽었다고 한다. 이와 관련해 『북사北史』를 보면 백제에서는 "풍속이 말타고 활쏘기를 숭상하였을뿐 아니라 고서古書와 사서史書를 애독하여, 뛰어난 사람은 제법 문장을 풀이하거나 지을 줄도 알며 관청사무에도 능숙하였다"고 했다. 그리고 『구당서』에서 "서적으로는 오경五經과 제자서諸子書 및 사서가 있으며, 또 표表와 소疏의 글도 모두 중화의 법에 의거한다"고 한 기록을 뒷받침해 준다.

굴곡지고 험난하게 세상의 거친 파고를 헤쳐간 한 인물의 생애가 적힌 「흑치상지 묘지」는 백제사의 중요한 몇 가지 사실을 확인시켜 주었다. 또 그러한 단서를 제공해 주었다.

일제 치하인 1939년 10월 25일부터 이듬해 1월 16일까지 동아일보에 연재되었던 현진건(1900~1943)의 미완 장편소설 '장편 흑치상지'의 한 대목을 보자. 회복운동에 나서는 백제 주민들이 임존성을 찾아가는 모습과 신비화한 흑치상지의 모습이 선연히 그려져 있다.

… '월영아! 월영아!' 그 장사는 자상스럽게 불렀다. 월영이라 함은 그 소녀의 이름이리라. '월영아! 월영아! 정신을 차려라' … '월영아, 일어나거라. 암만 울면 죽은 동생이 살아 오느냐. 어서 가자. 여기 이러고 한만이 있을 수 있느냐' 타이르는 장사의 목도 눈물에 젖었다. 월영은 죽은 동생의 머리를 쓰다듬고 또 쓰다음으며, 차마 손을 떼지 못하다가 별안간 울음을 뚝 그치고 고개를 번쩍 들었다. 그 애띠디 애띤 눈썹 가장자리에도 매운 기운이 돌았다. '귀복아, 귀복아. 네 원수는 내가 갚아 주마. 내 몸이 가루가 되어도 당나라 놈의 원수를 갚아 주마' … "그래 그 장군님이 두 겨드랑이에 비늘이 돋혀서 훨훨 날아 다녔다니 정말이요?" "여보, 비늘이 다 뭐요. 비늘을 가지고서야 어떻게 날은단 말이오. 바로 날개가 돋혔다오" "날개가!" … "단 한 사람 손에 여러

천명!" 거북은 혀를 내어둘렀다. "그러니 하늘이 내신 장수란 말이요" "딴은 그래. 우리 백제 사람을 구하시려고 하느님이 내려보내신 거요." "우리도 그 장군님 밑에만 가 있으면 그까짓 당나라 놈 신라 놈이야 몇 만명이 몰려와도 조금도 겁낼 것이 없단 말이거든" ⋯ 상지는 문루에서 이 광경을 바라보다가, 각 성문을 열고 적진을 지치라고 명령을 발하였다. 원수를 눈앞에 두고 살이 떨리고 피가 뛰었으나, 망동을 말라는 군령의 굴레에 얽매어 이를 갈고 있던 성 안 군사들은 명령일하에 사자처럼 날뛰며, 굳게 닫히었던 성문을 열고 물밀듯 밀려 나왔다. ⋯

백제인들의 조국을 되찾기 위한 항쟁은 8월부터 들불처럼 번져나갔다. 그러한 백제인들 최초의 조직적인 전투는, 남잠南岑·정현성貞峴城 등을 근거지로 신라군과 당군을 공격하면서 시작되었다. 또 좌평 정무正武가 이끄는 병력이, 두시원악豆尸原嶽(충남 청양)에 주둔하면서 신라군과 당군을 깨트리고 조국을 되찾기 위한 전쟁에 합세했다.

이 무렵 임존성에 주둔하고 있던 흑치상지가 이끄는 군대 또한 신라군과 당군을 거세게 몰아붙여 위세를 떨쳤다. 이로 인해 임존성은 반격의 표적이 되었다. 8월 26일 신라군은 임존성을 직접 공격하였다. 그러나 군사적 재략이 탁월한 흑치상지는 하늘을 찌르는 백제인들의 사기를 등에 업고 봉수산의 험절한 지세를 이용해 효과적으로 패퇴시켰다. 신라군은 다만 임존산 대책大柵과 연계된 작은 목책木柵만을 깨트리고 돌아갔을 뿐이다. 이후 난공불락의 요새 임존성은 조국 회복을 위한 전쟁의 복판에 떡 버티고 있는 든든한 지주支柱가 되었다. 신라군과 당군은 임존성을 공략할 엄두를 한동안 갖지 못했다.

백제 지원 위한 왜의 동향

이 무렵 백제에 대한 왜 조정의 지원과 관련해 좋지 않은 조짐들이 많았다. 왜 조정은 현재의 시즈오카현 오이강 좌안의 중부와 북동부에 해당하는 스루가노 구니駿河國에 명하여 신라를 치기 위해 건조한 선박을 끌고 오게 하였다. 그런데 이 선박은 밤중에 까닭 없이 뱃머리와 꼬리 부분인 고물이 서로 바뀌었다. 사람들은 패할 줄 알았다는 것이다. 현재 나카노현 일대인 시나노 구니科野國에서 보고하기를 "파리 떼들이 서쪽을 향해 날아가는데, 오사카大坂(長野縣 부근)를 넘었는데, 크기는 열 아름 쯤 되었고, 높이는 창천蒼天에 이르렀다"고 했다. 원정군이 패할 조짐으로 알려졌다(제명 6년 12월). 『한서』나 『후한서』 오행지五行志에는 누리蝗의 재해를 패전과 결부

다자이후시太宰府市 간제온사觀世音寺. 백제를 지원하기 위해 규슈에 와서 아사쿠라노 다치바노 히로니아궁朝倉橘廣庭宮에서 급사한 사이메이 여왕을 위해 아들인 덴지가 발원하여 약 80년의 세월이 흐른 746년에 완공되었다.

짓고 있으니 이와 유사한 현상이었다. 이와 더불어 『일본서기』에는 해득하지 못한 동요도 보인다. 백제 최후의 성이었던 저례성에서 왜로 망명 오는 백제 유민들이 드디어 비럭질 도는 것을 시작한다고 비웃는 한편, 지원군을 내면 피의 비가 오는 해가 된다고 경계하는 내용이라고 한다. 원정군의 패전을 풍자한 노래로 해석되어진다.

나카노 오에中大兄 황자皇子의 어머니인 사이메이齊明는 660년 12월에 거처를 급히 나니와궁難波宮(大阪)으로 옮겼다. 661년 정월 그녀는 나니와진津에서 배를 타고 세도내해瀨戸内海를 이용해 서쪽으로 항진했다. 3월에 그녀는 북규슈의 나노오호쓰那大津(福岡市 博多)에 도착한 후 행궁을 설치했다. 5월에 사이메이는 하카다만灣의 해안 근처에서 쓰쿠시筑紫 평야의 아사쿠라노 다치바나노 히로니아궁朝倉橘廣庭宮(福岡縣 朝倉郡)으로 옮겼다. 이 궁에는 왜 왕을 비롯해 나카노 오에 황자와 후지와라노 가마타리藤原鎌足 등 왜 조정의 중추부가 모두 옮겨 와 있었다. 백제 재건에 거는 왜 조정의 필사적인 자세를 엿볼 수 있다. 그런데 661년 7월 사이메이 여왕은 아사쿠라궁에서 급사急死하고 말았다. 그러자 나카노 오에 황자가 상복을 입은 채, 즉위하지 않고 정무를 보는 칭제稱制를 했다. 그는 전선戰線에 가까운 나카쓰궁長津宮에서 '수표지군정水表之軍政'을 행하였다. 나카노 오에 황자가 해외의 군정을 지휘한 것이다.

백제 원정의 지휘자로서 확인된 이는, 두 번 즉위한 바 있는 사이메이 여왕이었다. 진고神功 황후 신라 정벌설은 사이메이를 모티브로 해 조작했다는 견해가 있다. 백제 지원에 대한 참담한 패배와 신라에 대한 원한이 결합되어 보상 심리 차원에서 가공의 진고 황후 신라 정벌설이 만들어졌다고 한다.

왜 조정은 661년부터 식량과 무기도 지원하고 파병하는 등 한반도 정세에 직접 개입하고 있었다. 왜는 백제 지원을 위해 무기를 수선하고 선박을 구비하고, 군량을 비축해 두었다. 그런데 전쟁은 신라와 당의 연합군이 백제를 멸망시킨 데 그치지 않았다. 백제는 즉각 되살아 났을 뿐 아니라 고구려와의 전쟁으로 확전되었다. 왜 조정은 조심스럽게 사태의 추이를 주시하고 있었다. 당군이 고구려와 전쟁을 벌이게 되면 병력 분산으로 인해 백제가 유리해진다. 왜로서는 충분히 승산이 있다는 판단을 했다. 오히려 유리하게 상황이 전개된다는 믿음을 얻었다. 고구려와 당이 격돌하는 상황에 대한 전갈이 고구려에서 다음과 같이 왜로 날아왔다.

12월에 고려국에서는 추위가 너무 심해 패강이 얼었습니다. 그런 까닭에 당군은 운차雲車와 충팽衝輣, 북과 징鉦을 크게 두드리며 진격해 왔습니다. 고려 사졸은 대담하고 용감하였고 거대하였기 때문에 다시 당의 2개 보루를 빼앗았습니다. 오직 2개의 새塞만 있었습니다. 역시 밤에 빼앗을 계획을 준비하였습니다. 당병唐兵은 무릎을 껴안고 소리내어 울었습니다. 날카로운 게 무뎌지고 힘이 다하여 (고려를) 빼앗을 수가 없었습니다. 서제噬臍(배꼽을 물어뜯으려 하여도 입이 닿지 아니한다는 뜻. 후회하여도 이미 때가 늦음을 이르는 말)의 부끄럼이란 이것이 아니고 무엇이랴(『일본서기』 권27, 天智 즉위년 12월)?

패강인 대동강이 얼어붙은 틈을 타서 당군이 평양성을 일제 공격해 왔지만 처절하게 패배한 사실을 환기시켰다. 고구려는 당군을 격파한 전과를 실감나게 왜에 전달했다. 이 사실은 왜로 하여금 백제를 지원하는 일에 무게를 실어 주었다. 강대한 고구려의 존재를 각인시킴으로써 승산 있는 전쟁에 나선다는 확신을 주고도 남았다. 왜 조정에 있던 고구려 승려 도현道顯은, 김춘추의 목적은 고구려를 치는데 있었다. 그런데 신라와 당이 백제를 먼저 쳐서 백제가 괴로움을 당하고 있다고 했다. 이 주장은 이번 전쟁은 백제 멸망이 아니라 고구려와의 전쟁으로 기획되었음을 알려주었다. 그러면서 고구려 역시 신라와 당의 공격 목표였기 때문에 왜는 고구려와 연대할 수밖에 없다는 취지였다.

실제 고구려군이 당군을 격파한 전갈을 받자 마치 호응하듯이 고구려를 지원할 목적으로 왜군이 백제에 상륙했다는 것이다. 백제 가파리빈加巴利濱에 정박한 왜군들이 불을 피웠다고 한다. 이때 재가 변하여 구멍이 되면서 명적鳴鏑과 같은 가는 소리가 들렸다는 것이다. 이러한 현상을 가리켜 혹자는 고구려와 백제가 멸망할 조짐으로 해석했다. 662년(天智 1) 4월에 쥐가 말의 꼬리에 새끼를 낳았다. 그러자 고구려 승려 도현이 점을 쳐 본 다음 "북국의 사람이 남국에 붙으려고 한다"고 했다. 이를 두고 고구려가 패하여 왜에 복속하는 게 아닐까?라는 해석이 제기되었다.

663년 3월 왜 조정은, 2만 7천 명의 병력을 전격적으로 백제에 출병시켰다. 이와 관련해 빗추備中 지방 시모쓰미치군下道郡에서는 이런 이야기가 전하고 있다. 즉 황태자인 덴지天智가 이 군에 묵으면서 어느 마을이나 집이 모두 대단히 번성함을 느꼈다. 보고를 받은 사이메이 여왕이 마을의 군사를 징집하도록 명을 내렸다. 그러자 우수한 장정 2만 명이 집결했다는 것이다. 이로 인해 마을 이름이 니마향二万鄕으로 붙여졌다고 한다. 그러나 사이메이 여왕이 쓰쿠시의 아사쿠라궁에서 급사함으로써 이 군대는 파견되지 않았다(『風土記逸文』備中國).

왜 조정은 물질적인 지원도 아끼지 않았다. 즉 무기, 오곡(661년 8월)/ 화살 10만 개, 사絲 500근斤, 면綿 1천 근, 포布 1천 단端, 부드러운 가죽韋 1천 장, 볍씨稻種 3천 곡斛(662년 정월)/ 포布 300단(662년 3월) 등이었다.

고구려는 백제를 지원했는가?

660년 7월 백제가 무너지기 전후한 무렵 고구려의 동정은 어땠을까? 고구려는 백제의 멸망을 수수방관했을까? 특히 660년 7월 이후 백제인들의 항쟁이 들불처럼 번져나갈 때 어떻게 대응했을까? 연개소문은 백제의 멸망이 고구려의 멸망으로 이어질 수 있다는 경각심을 가졌을 것이다. 당군이 백제 정벌에 투입된 경위도 파악했을 게 분명하다. 연개소문으로서는 최대한 백제의 멸망을 늦추고 백제인들의 항쟁을 부추겨 전선을 남북으로 갈라 놓는 게 유리했다. 신라와 당이 고구려 정벌에 집중할 수 없는 상황을 만드는 게 중요하였다. 신라와 당의 전선을 남북 두 곳으로 분산시키기 위해서는, 동맹의 허약한 연결고리인 신라를 끈질기게 괴롭혀서 두 나라의 힘이 뭉쳐지는 것을 막아야 했다. 일단 고구려는 신라 영역에 대한 도발을 반복하여 신라의 백제 장악력을 떨어뜨리고자 하였다. 그러한 고구려의 신라 침공을 연대별로 적시하면 다음과 같다.

* 660년 11월 1일 : 고구려가 칠중성을 침공해, 군주 필부가 이들에게 죽었다.

* 661년 5월 9일 : 고구려 장군 뇌음신이 말갈 장군 생해와 함께 군대를 합쳐 내려와 술천성을 공격했지만 이기지 못하자 옮겨서 북한산성을 공격했다. … 천둥과 비가 내리고 벼락이 쳤으므로 적이 두려워 포위를 풀고는 갔다.

고구려군의 북한산성 공격을 일러 단재 신채호는 "고구려의 남생은 구원병을 보내서 북한산성을 쳐 멀리 복신을 응원하고"라고 했다. 고구려가 백제를 지원했다는 것이다. 물론 고구려는 백제의 멸망은 곧 고구려의 위기라는 사실을 누구보다 잘 알고 있었다. 그럼에도 고구려는 백제에 대한 거국적인 구원전을 펼치지 못하였다. 이 무렵 당은 658년 5월에 고구려를 공격했고, 659년 11월에 다시금 침공을 감행했다. 백제 항복 직후인 660년 11월 당은 고구려 원정군을 편성했고, 661년 1월 침공을 시작하였다. 661년 8월부터 당군은 평양성을 포위하는 등 공방전이 거듭되었다. 당은 궁극적인 목표인 고구려 멸망에 화력을 쏟았다.

고구려는 수도인 평양성이 당장 위협을 받는 상황이었다. 자기 발등에 불이 떨어진 상황을 겪고 있었다. 그랬기에 신라 지역에 대한 대대적인 공격을 감행할 수 있는 처지는 되지 못했다. 신라와 당의 연합군이 아니라 먼저 쳐들어 온 당군만의 침공도 막기에는 버거운 상황이었다. 물론

일본 나라현 이소노가미 신궁에 봉안되었던 고구려 방패.

당과 신라가 백제 땅에 발이 묶인 상황에서 당군이 고구려를 침공했지만, 신라군 동원에 차질이 빚어지는 등, 전력이 남북으로 분산되었다. 고구려가 몇 년 간 더 버틸 수 있는 상황이 열린 것이다. 이 점을 직시하지 않을 수 없다.

그럼에도 단재 신채호는 고구려 위정자들을 크게 질타했다. "당시 고구려의 안전을 도모하려면 먼저 백제의 멸망을 구원했어야 할 것인데, 신라와 당 두 나라의 군사가 이미 백제를 멸망시킨 뒤에야 소수의 군사를 보내어 칠중성을 함락시키고는 돌아가 버렸고, 부여복신이 군사를 일으켜 백제 전군郡이 거의 회복된 뒤에도 겨우 수천 명을 내어 북한산성의 남녀 합해서 겨우 2천 몇 백 명의 신라인이 있는 외로운 성을 함락시키지 못하고 패하여 물러났으며, 그 밖에는 백제를 구원하는 움직임이 없었으니, 남생은 훗날 나라 망친 죄를 짓기 전에 나라를 그르친 죄도 적지 않았다. 이같이 용렬한 사나이에게 정권을 물려 주고 죽은 연개소문은 또한 어찌 죄가 없다 할 수 있으랴(『조선상고사』)?"

내분의 폭발

백제인들의 항쟁에 힘입어 풍왕을 수반으로 백제가 재건되었다. 풍왕은 전통적인 동맹인 왜의 힘을 빌어 국가를 재건하려는 친왜 정권親倭政權이었다. 친왜 정권은 복신과 도침 그리고 풍왕, 이 세 명이 이끌었다. 도침과 복신은 무공과 지도력에서 서로 지지 않으려고 했다. 그러한 도침과 복신은 역할이 겹치는 부분이 많았다. 사람은 외압을 받아 힘들 때는 결집하는 속성이 있지만 대세를 장악했을 때는 이득을 생각하기 마련이다.

결국 사단이 빚어졌는데, "갑자기 복신이 도침을 살해하고 그의 군사를 아우르니, 부여풍은 제사만 주재했을 뿐이었다"고 했다. 내분 발생 직후 실권은 복신이 장악하고 있었다. 제사만 주재한 국가 수반 풍왕이었다. 이는 촉蜀의 후주後主 유선劉禪이 제갈량에게 "정치는 갈씨葛氏가 행하고, 제사는 과인이 맡겠다"는 상황을 연상시킨다. 물론 복신과는 달리 제갈량은 유선을 위협하지는 않았다. 복신은 이 난국에 고구려를 적극 끌어들이고자 했다.

왜군의 출병 사실을 이누가미노 기미犬上君는 급히 고구려로 달려가 알리고는 돌아왔다. 이는 왜군의 백제군 지원과 동시에, 고구려군도 신라 북부 지역을 협격하게 해 신라와 당의 전선을 양분시키려는 의도였다. 663년 3월에 출병한 왜군 부대는 전·중·후 장군의 3 장군 인솔하에 2만 7천 명이 상륙했다. 전군장군 부대는 상륙하여 6월에는 신라의 사비기沙鼻岐와 노강奴江 2성을 점령하였다. 풍왕을 비롯한 백제군에게는 매우 고무적인 상황이 펼쳐졌다. 게다가 이들은 신라 영역을 점령하기까지 했다. 이제 백제의 실지 회복은 명확해져 가는 것 같았다.

이러한 상황에서 복신은 명과 실이 상부하는 수반을 꿈 꿨던 것 같다. 실제 복신의 권세는 강성하여 "좌평 복신이 당의 포로 속수언續守言들을 올려 보냈다"는 것을 비롯해 백제군 수반으로서의 역할이 기록 속에 자주 등장한다. 풍왕은 명목상의 왕이었지만 오랜 동안 왜에 체류했었기에 재지적 기반이 없었다. 게다가 복신을 견제할 수 있는 도침은 제거된 후였다. 그러므로 풍왕은 고립무원의 상황에서 도리없이 뒷전에 머물러 있었다. 다만 풍왕은 "제사를 주관할 뿐이었다"고 할 정도였다. 명목상의 통수권자로서 상징적인 역할 밖에는 못했다는 것이다.

『삼국사기』에서 "이때 복신이 이미 권력을 오로지하매 부여풍과 더불어 서로 질투하고 시기하였다"는 기록은 이러한 상황에서 파생했다. 재지 기반은 없었지만 풍왕은 장기간 왜국에 체류한 관계로 일본열도 내에 정치·경제적 기반을 지니고 있었다. 게다가 풍왕은 3만 명 가량의 왜군을 거느린 실정이었다. 결코 그는 허약한 존재가 아니었다. 그렇지만 복신에게 밀리고 있는 풍왕의 불만은 쌓여만 갔다. 도침이 피살된 후 그는 상당한 피해 의식과 위기감을 지녔을 것이다. 그 전부터 풍왕은 복신과 미묘한 입장에 있었다. 서로 꺼리는 구석마저 보였다. 비록 풍왕은 의자왕의 아들이기는 하지만 적자嫡子가 아닐 가능성이 높았다. 그렇다면 복신은 회복운동의 공헌도와 대중적인 인기 등을 토대로 나름대로 최고위에 대한 의지를 굳혀 나갔음직하다. 이로 인한 갈등이 결국 양자 간의 운명과 더불어, 회복운동이 실패로 돌아가게 한 결정적 요인이 되었다.

풍왕은 복신의 전횡을 매우 못마땅하게 여겼다. 이에 대한 불만을 석성石城에서 만난 왜장 이누가미노 기미에게 털어 놓았다. 이러한 풍왕의 속내가 백제군을 실질적으로 장악하고 있던 복신의 귀에 들어가지 않았을 리 없다. 복신은 몸을 사려 처소를 떠나지 않았다. 물론 복신은 백제군의 주도권을 쥐고 있었다. 그렇다고 그가 명분 없이 풍왕을 함부로 해치기는 어려웠다. 풍왕 또한 대비를 단단히 하고 있던 터였다. 게다가 풍왕은 백제의 후원자인 왜 세력과도 밀접한 관계를 맺고 있었다. 풍왕의 왕비는 왜 출신이었다. 혼인을 통해 풍왕과 왜는 결속되어 있었다.

결국 두 사람은 부딪치기 시작했다. 풍왕은 자신이 환국할 때 대동한 왜병 5천 명과 663년 3월에 들어온 왜병 2만 7천 명, 도합 3만여 명이 넘는 왜군을 기반으로 했다. 반면 복신은 백제인 중심의 내국인 세력을 장악하고 있었다. 복신은 풍왕에게 하고자 하는 말이 있었다. 당신을 옹립한 이가 누구였던가? 피할 수 없는 충돌이 빚어졌다.

복신은 풍왕을 살해할 계획을 몰래 세웠다. 그는 병을 칭하고 굴실窟室에 누워서 풍왕이 문병 오는 것을 기다려 잡아 죽이려고 했다. 풍왕을 유인하고자 한 것이다. 혹자는 이때 굴실을 "부안의 원효굴(복신굴로 추정됨)(부안문화원 제공)"라고 하였다. 그러나 복신굴과 원효굴 즉 원효방元曉房은 별개의 굴실이다. 원효방은 복신굴에서 더 올라와 울금바위 정상 쪽에서 좌측 벼랑 사잇길로 올라가야 한다. 현장 답사가 왜 필요한지를 일깨워준다.

여기서 '굴실'은 동굴 안의 처소를 가리키는 게 아니다. 사람 눈에 띄지 않는 밀실을 가리킨다. 풍왕은 복신의 칭병이 함정임을 알았다. 두 사람 사이에는 기괴한 적막이 흘렀다. 풍왕으로서는 도리상 문병하지 않을 수 없는 난처한 상황에 놓였다. 풍왕은 심복들과 대책을 숙의한 후 역습을 시도했다. 풍왕은 복신 처소의 병력을 몇 겹으로 포위한 후 심복들을 거느리고 문병하는 양 굴실로 들어갔다. 그리고는 복신을 덮쳐 결박지었다. 663년 6월이었다.

풍왕은 가죽으로 복신의 손바닥을 뚫어 묶었다. 그렇지만 마음대로 그를 처단하지는 못했다. 비록 풍왕은 복신의 운명을 손아귀에 넣기는 했지만 대양大洋 가운데 떠 있는 고도孤島에 불과하였다. 풍왕은 복신 세력에 에워싸여 있는 형편이었다. 풍왕은 혼자 결정할 수 없었다. 풍왕은 복신을 꿇어 앉히고 모반죄를 성토한 후 처형 여부를 여러 신하들에게 물었다. 양자 간의 갈등에서 승부는 이미 끝난 상황이었다. 이때 곁에 있던 달솔 덕집득德執得이 복신을 가리키면서 "이 악역한 놈을 방면해 버릴 수는 없습니다!"고 소

리 지르며 처형을 종용했다. 풍왕의 의중을 헤아린 것이다. 그러자 복신은
덕집득에게 침을 뱉었다. "썩은 개! 어리석은 종놈!" 복신은 외마디 소리를
남긴 채 목베임을 당하였다. 구국의 영웅 복신의 파란만장한 삶은 너무나
허망하게, 그리고 어이없이 마무리 되었다. 복신의 머리는 젓에 담가졌다.
그의 수급首級이 젓에 담가져서 따가운 형벌을 받는 것이다. 『춘추좌전』에
서 보듯이 반란자에 대한 형벌인 해형醯刑이었다.

백제군 지도층의 내분은, 도침과 복신이라는 일 개인의 죽음으로 끝나지
않았다. 상당한 후유증을 유발했다. 앞서 복신은 살해한 도침의 병력을 접
수하였다. 복신의 병력 역시 그가 피살된 후 동일한 전철을 밟게 되었을 것이
다. 복신의 측근 장수들이 제거되었을 것임은 자명했다. 죽은 복신 휘하
병력과 풍왕의 무력인 왜군 사이에 어지러운 교전이 빚어졌을 수 있다. 백
제군의 사기와 전투력은 현저히 약화되었다. 일선 지휘관들에 대한 숙청으
로 지휘체계의 혼란 등을 얼마든지 상정할 수 있다.

흑치상지의 향배

백제군 내부가 몹시 혼란스럽고 어수선한 상황이었다. 이때 임존성을 철
옹성처럼 지키고 있던 흑치상지가 돌연히 당군에 귀부하는 사건이 발생했
다. 그는 이 무렵 당 고종이 사자를 보내 초유招諭하자 유인궤에게 가서 항
복하였다. '초유'는 불러서 잘 타일렀다는 뜻이다. 누군가 흑치상지를 설득
했음을 뜻한다. 어쨌든 이 항복이 없었더라면 흑치상지의 생애는 중국 역사
서에 기재되지도 않았을 것이고, 또 크나큰 개인적인 곡절도 기다리지 않았
을 것이다.

흑치상지의 귀부는 백제군에게는 충격 그 자체였다. 걷잡을 수 없는 파

문과 파장을 야기했을 것이다. 현상적으로 볼 때는 분명한 변절이었다. 민족주의 사학자 단재 신채호로부터 그는 혹독한 비난을 받았다. 그러나 당시 백제 내부를 들여다 보면 2개의 정권이 공존하고 있었다. 풍왕과 융왕, 2개의 정권은 친왜와 친당 세력이었다.

당영으로의 귀부는 흑치상지로 하여금 '변절자'로 매도되게 했다. 그러나 이 문제는 난마처럼 복잡하게 얽히고 설킨 당시의 상황 속에서 파생되었다. 그러므로 간단하게 단언할 수 없는 성질을 지녔다. 왜냐하면 흑치상지의 성품에 관한 기록을 놓고 볼 때, 사리私利를 위해 그러했으리라고는 전혀 생각되지 않았기 때문이다. 그러면 그의 투항 배경은 무엇에서 비롯한 것일까?

이와 관련해 먼저 흑치상지의 회복운동이 "험한 곳에 근거해 복신에게 호응하였다"고 한 것을 볼 때, 복신측과 연결된 것임을 알 수 있다. 그런데 그는 회복운동 초기부터 고락을 함께 했던 복신이 내분으로 피살되는 상황에 직면하자, 위기 의식을 느꼈을 것이다.

그 무렵 손인사가 이끄는 당군은 본토를 출발해 5월에는 지금의 남양만 앞의 덕적도에 이른 후 중도에서 백제군을 격파하고 유인원의 군대와 합세해 백제군을 압박해 들어 왔다. 그와 때 맞춰 당군 진영에 있던 부여융이, 그에게 투항을 집요하게 권유하였을 가능성이 높다. 결과를 가지고 유추해 볼 때, 부여융은 "자신을 도와 당이 보장한다는 백제 재건 사업에 힘을 합치자!"는 제의를 했을 것 같다. 왜냐하면 회복운동이 종식된 후 비록 괴뢰정권이기는 하지만 부여융을 수반으로 백제 주민들로 구성된 웅진도독부가 백제 옛 땅을 관할했고, 그 자신 또한 여기에 가담했기 때문이다. 실제 단재 신채호는 흑치상지와 사타상여는 "풍이 복신을 죽인 것을 원망하다가 마침내 그 관내 2백여 성을 들어 융에게 투항하고"라고 했다.

단재 신채호는 이 상황을 추리하였다. 당 고종은 부여융을 백제 왕이라 일컬으며 백제로 데리고 가게 했다는 것이다. 당 고종은, "풍왕은 잔인하고 시기심이 많아서, 자기를 옹립하고 또 큰 공이 있는 부여복신을 죽였거니, 하물며 다른 장수들이야 오죽하리요. 당은 원래 백제의 땅을 가지려 함이 아니라 오직 백제가 고구려와 한편 되는 것이 미워서 신라와 함께 백제를 친 것이어니와, 이제 융은 백제 선왕의 사랑하는 아들로서 능히 대세를 알고 또 황제(당)의 신임을 얻었으므로 백제 왕의 작위를 주고 대군으로 호위하여 귀국하게 하였으니, 백제의 총명한 장수와 군사들은 나의 말을 믿고 융을 왕으로 받들면 전쟁의 수고로움이 없이 고국을 회복하고 편안히 부귀를 누릴 수 있을 것이지마는, 만일 대군에게 완강히 항거하다가는 나도 공들을 용서하지 않을 것이오. 공들은 잔인한 풍을 임금으로 받들었다가는, 패하면 대군에게 죽음을 당할 것이요, 승리하면 풍의 시기를 받아 복신처럼 참혹하게 죽을 것이니, '이 어찌 지혜로운 자의 취할 일이리오?'하는 조서를 전하여 풍왕의 여러 장수들을 꾀었다고 한다.

용장이자 명장이었던 흑치상지는 내분의 소용돌이 속에서 고뇌에 찬 시간을 보냈던 것 같다. 나라를 회복하는 대장정의 시작점부터 깃발을 올렸던 흑치상지는 풍왕 정권의 앞날에 대해 낙관할 수 없었다. 구국의 영웅인 도침과 복신이 사라진 허탈한 현실이었다. 이때 당영의 융이 손짓을 했다고 본다. 거듭 말하지만 당이 보장한다는 백제 재건에 동참하자는 융의 손짓에 따르지 않을 수 없었다. 이상과 현실은 함께 하는 것만은 아니었다. 결국 고뇌 속에서 흑치상지는 주군이 있는 당영으로 발걸음을 옮긴 것이다. 단재 신채호도 흑치상지의 투항을 내분 직후에 발생한 사건으로 간주했다.

금강 이북의 백제군이 무너지는 상황에서 신라와 당의 주류성 공격전은 착착 준비되어 갔다. 이에 질세라 왜 조정 역시 증원군을 파병하고 있었다.

5
.
.
백강과 주류성 위치

연구사 백강 비정

근대적인 연구만으로 기점을 삼는다해도 백강과 주류성 위치 논의는 110년을 상회했다. 그럼에도 백강과 주류성의 위치에 관해서는 9가지와 20가지 견해로 각각 나누어진다. 이렇듯 백강과 주류성 위치에 대한 연구는 합일되지 않은 상황이었다. 특히 백강 비정에 대한 금강설과 동진강설을 뛰어넘은 아산만설은 기존 연구가 여전히 충족되지 않았음을 웅변하는 기제였다. 그리고 주류성의 위치로는 무너진 서천 건지산성설의 대안이 된 부안 위금암산성설 외에 홍성·전의·대전·정읍설 등이 제기되었다. 이러한 흐름은 기존 주류성 비정의 한계를 가리키는 현상으로 해석할 수밖에 없다. 백강과 주류성 위치 비정은 21세기에도 여전히 쟁론으로 남은 것이다.

백강 초입을 가리키는 백강구의 위치와 관련해 백제 멸망 이전만 보면, 백강은 지금의 금강을 가리킨다. 분석 없이도 이 건件은 누구나 쉽게 확인할 수 있다. 문제는 663년 가을에 발생한 동아시아 국제대전의 장소였던 백강 역시 금강인지 여부이다. 이 사안에 대해서는 평면적인 이해에서 벗어나야 한다. 특히 왕성이 사비성에서 주류성으로 바뀐 상황에서 등장한 백강의 위치 문제이다. 백강의 위치는 여전히 불변이라고 주장할 수도 있겠지만, 왕성王城과 연계된 강명江名 역시 이동 가능성을 열어두어야 할 것 같다. 그럼에도 기존의 백강 = 금강설 논자들은 백제인들이 스스로 기록을 남기지

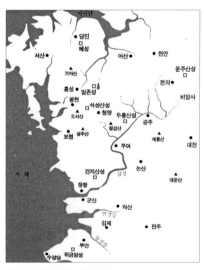

주류성 관련 주변 지역 지도.

못한 백강구 전투 이후와 그 이전의 백강 위치를 동일시하였다.

백강은, 여러 사례와 전쟁 환경을 고려해 분석해야만 정확한 위치 비정에 근접할 수 있다. 오다 쇼고小田省吾(1871~1953) 이래로 기존의 금강설에 의문을 제기한 데는 그럴만한 이유가 있었다. 대표적인 논자 중심으로 연구사를 다음의 도표로 정리하였다.

〈백강 위치에 대한 여러 견해〉

백강	주장자
금강	津田左右吉(1913)/ 池內宏(1934)/ 輕部慈恩(1971)/ 李丙燾(1977)/ 鈴木治(1972)/ 沈正輔(1983)/ 盧重國(2003)
동진강	小田省吾(1927)/ 今西龍(1934)/ 孫晋泰(1948)/ 全榮來(1976)/ 李道學(1997)/ 徐程錫(2002)/ 李鍾學(2003)
부안 斗浦川	盧道陽(1979)
부안 茁浦·內浦	今西龍(1934)
만경강	大原利武(1924)
안성 白石浦	金在鵬(1980)
아산만	小林惠子(1987)/ 朴性興(1994)/ 김민수(2017)
보령 大川	李在俊(2017)
당진 우강	서동인(2023)

백강의 위치는 기록의 일관성을 놓고 검증하는 게 관건이다. 먼저 백강 위치와 관련해 당측의 기록에서 "백제는 웅진구熊津口를 지키고 있었는데, 소정방이 공격하자, 오랑캐가 대패하였다(『신당서』 권220상, 동이전 백제)"고 했다. 이는 660년에 처음 당군이 백제 도성을 공격하기 위해 금강 하구로 진입하는 기록이다. 여기서 금강 하구를 분명히 '웅진구'라고 했다. 금강이 웅진강인 것이다. 그런데 "유인궤로 하여금 수군을 거느리고 가게 하여 웅진강에서 동시에 진군하여 주류성으로 육박하였다. 풍豐의 무리는 백강구에 주둔하고 있었다. 이들을 사면에서 공격하여 다 이기고, 4백 척의 배

를 불사르니, 풍은 도망쳐 자취를 감추었다(『신당서』권220상, 동이전 백제)"
고 했다. 이 기사에 등장하는 백강구가 660년의 웅진구와 동일할 수는 없
다. 왜냐하면 앞의 웅진강과 뒤의 백강은 동일한 강을 가리킬 수 없기 때문
이다. 동일한 『신당서』 동이전 백제 조에서 명백히 웅진강과 백강은 별개의
강으로 나타나고 있다. 당의 수군은 웅진강을 빠져나와 주류성으로 항진하
는 중 백강구에서 풍왕의 선단과 맞닥뜨렸기 때문이다. 그럼에도 어떻게 모
두 동일한 금강으로 지목할 수 있을까?

백제 멸망 기사 이후에 등장하는 백강은 금강 구간에 대한 강 이름이기는
어렵다. 다음의 동일한 『삼국사기』 의자왕 20년 조에 따르면 당군이 백강을
통과했다는 말을 듣고 백제군이 방비한 곳이 웅진구였기 때문이다.

* 흥수는 말하기를 "백강[기벌포라고도 한다]과 탄현은 우리나라의 요충지로
  서"… 이때 대신들은 … "당군이 백강으로 들어와 물길을 거슬러 배를 나
  란히 띄울 수 없게 하게 하고, 신라 군대는 탄현에 올라서 좁은 길로 가게
  하여 … " 또 당과 신라의 군사가 이미 백강과 탄현을 지났다는 말을 듣고
  왕은 장군 계백을 보내어 결사대 5천 명을 거느리고 황산黃山에 나가서 신
  라 군사와 싸우게 했다. 네 번 접전하여 네 번 모두 이겼으나, 군사가 적고
  힘이 모자라서 마침내 패하여 계백은 전사했다.

* 이에 군사를 합하여 웅진구를 막고 강가에 군사를 주둔시켰으나, 소정방이
  왼쪽 강가로 나가서 산에 올라 진을 치고 싸우니 우리 군사가 크게 패했다.
  당군은 조수를 이용하여 많은 배들이 서로 잇따라 나아가며 북을 치고 고
  함을 지르는데, 소정방은 보병과 기병을 거느리고 바로 진도성眞都城으로
  쳐들어가서 1사舍쯤 되는 곳에서 멈췄다. 우리 군사는 있는 군사를 다 내어
  막았으나 또 패전하여 죽은 사람이 1만여 명이나 되었다.

위의 기사에 보이는 하나의 사서 『삼국사기』에 등장하는 백강과 웅진구는 동일한 곳으로 파악할 수 있다. 비록 의자왕 20년 조에 수록되었지만, 위의 기사는 백제인들이 남긴 기록이 아니다. 신라인들이 정리한 기사에 김부식이 중국 사서를 배합한 것이다. 위의 두 기사를 보면 시간의 흐름상 당군은 백강 → 웅진강구로 이동했다. 물론 홍수가 요충지라고 하는 탄현과 함께 등장하는 백강과, 백제 대신의 계책에 등장하는 백강은 금강을 가리키는게 분명하다. 백제와 신라인들에게 백제 당시의 백강은 금강이었다. 당인唐人들의 시야에 등장하는 웅진구, 즉 웅진강이 금강이었다. 상이한 두 사료를 하나로 붙여 놓는 바람에 착각이 빚어질 수 있었다.

백제가 온전했을 때의 백강이 지금의 금강이니 회복운동 기간에도 금강이라는 주장도 있다. 즉 "불과 3년 만에 백강의 하구가 다른 곳으로 위치가 바뀌었다고 보기는 매우 어렵다"는 것이다. 이러한 주장은 3년이라는 사이에 백제사에 엄청난 변화가 초래되었다는 사실을 간과했다. 3년이라는 짧은 기간 동안에 백제는 멸망했다가 회복하는, 백제 역사 이래 초유의 참극이 빚어졌던 비상시국이었다. '불과 3년 만에' 이렇게 큰 변동이 있었다. 왕성도 바뀌었다. 그러니 새로운 왕성 중심으로 지명도 바뀔 수 있다. 지명 이동 사례는 역사적으로 확인되었다. 일례로 수도가 강도江都로 이전하자 고려 개경 왕궁의 주산主山 이름인 송악산松岳山(488m)이 강화도에도 등장하였다. 18세기 중엽에 그려진 「강화이북해방도江華以北海防圖」에 송악산이 보인다. 서양의 경우도 1626년 지금의 미국 맨해튼섬 남부를 점령한 네덜란드는 이 일대를 새로운 암스테르담(네덜란드 수도)이라는 의미에서 '뉴암스테르담'으로 불렀다. 이렇듯 왕도가 이전하거나 새로 개척한 지역에 왕도 이름도 따라붙는 경우가 나타난다. 게다가 강 이름에 대한 기록 주체도 달라졌다는 점도 유의해야 한다.

백제가 멸망하고 회복하는 상황을 알린 글에 따르면, 항쟁 거점을 '달솔 여자진은 중부 구마노리성久麻怒利城에 웅거하였습니다[혹본에는 도도기류산 都都岐留山이라고 한다]'고 했다. 여기서 구마노리는 공주를 가리킨다고 보아 왔다. 그러나 백제가 사비성에 도읍한 시기를 기록한 『주서』와 『북사』에서는 백제 왕성을 고마성固麻城이라고 하였다. 『북사』에서 '그 도성은 거발성居拔城인데, 고마성이라고도 부른다. 其都曰 居拔城 亦曰 固麻城'고 했다. 이와 동일한 문헌에서 '북방 웅진성'이 함께 적혀 있다. 도성을 가리키는 '고마성'과 웅진성은 서로 다른 지역임을 알려준다. 사카모토 요시다네 坂元義種(1937~)의 견해처럼 '고마성'은 '서울'의 범칭으로 사용된 것이다. 그러므로 '중부 구마노리성'과 '도도기류산'은 동일한 지역을 가리킬 수 있다. 『일본서기』 신공 49년 조에서 백제 근초고왕과 왜장이 회동한 장소에 등장하는 '의류촌意流村'을 '지금 주류수기州流須祇'라고 주석을 붙였다. 주류수기는 주류성을 가리키는 지명으로 간주하고 있다.

의류촌의 '의류'를, 위례성의 '위례'와 결부지어 한성 도읍기 왕성 이름을 회복운동기의 거점인 '주류수기'와 일치시켜 보았다. 양자는 모두 왕성이므로 동일하다고 간주한 것이다. 이와 결부지어 보면, 사비성 도읍기 왕성 호칭인 고마성은 구마노리성과 연결되고, 주류수기 = 주류성 = 도도기류산과 결부 지을 수 있다. 도도기류의 훈독은 '스즈키루노무레'이다. 백제인들이 국가를 회복하기 위한 초기 항쟁지로서 주류성 = 주류수기 = 스즈키루노무레(도도기류산)를 상정할 수 있다. 특히 최초의 전황 보고에서 백제의 거점을 도도기류산이라고 했다. 임존성의 경우도 임존산 = 임사기산으로 표기되었다. 당초 산성이 아닌 '산'을 거점으로 항쟁의 본거지로 삼은 것이다. 주류성 역시 금강 이북의 임존성과 더불어 금강 이남의 거점으로서 항쟁의 양대 축을 이루었음을 뜻한다.

백강과 주류성 위치와 관련해 분명한 것은 663년 신라와 당의 수군은 백강에서 육군과 합세하여 주류성을 공격했다(구당서』 권199상, 동이전 백제).

이로 볼 때 백제 왕성인 주류성의 위치는 백강 근방임을 알 수 있다. 그랬기에 쓰다 소기치津田左右吉(1873~1961)는 "주류성 함락의 원인은 백강의 패전에 있다고 할 수 있다!"고 단언했다. 이렇듯 백강의 위치는 주류성의 위치와 연계돼 있다. 백강에서 만난 신라와 당의 수군이 육군과 함께 공격한 최종 목표가 주류성이었기 때문이다. 따라서 일부 논자들처럼 백강과 주류성의 위치를 공간적으로 격절된 백강(금강)과 부안(주류성)으로 분리하기는 어렵다. 백강을 당진시 우강면 부장리 남원포로 비정한 경우, 주류성은 세종시 전동면 운주산성으로 비정했다. 그렇다면 남원포에서 운주산성까지는 57.4km에 이른다. 100리가 훨씬 넘는 거리이므로 결코 양자를 연계시키기는 어렵다. 이 사안은 운주산성에서 서해가 시야에 잡히는 여부와는 아무런 관련이 없다.

과거에는 금강 주변에서 주류성을 특정해왔다. 이와 관련해 건지산성은 1961년 10월에 발족한 문화재관리국에서 1963년 1월 사적 제60호로 지정하였다. 일찌감치 건지산성은 주류성으로 주목받았다는 반증이다. 그러나 한때 통설이었던 서천군 한산의 건지산성설은 발굴 결과 무너졌다. 이로 인해 더 이상 금강 하구 주변에서 주류성을 찾거나 비정하기는 어려워졌다. 물론 건지산성과 접한 영모리산성을 주류성으로 지목하기도 하지만, 규모가 너무 작아 수긍하기 어렵다. 이제는 판을 바꿔 백강을 금강이 아닌 다른 강에서 찾아야 할 것 같다.

백제인들이 스스로 기록을 남기지 못한 시기에, 백제 정벌에 참여했던 중국인들이 남긴 기록에, 웅진강과 백강은 서로 별개의 강으로 처리되었다. 이와 관련해 "금강 하구부터 동진강 하구까지는 약 20km 이상의 범위에 광대한 갯벌이 이어져 있다. 전투는 해수海水가 있는 바다 위에서 이루어지므로 백강 전투의 무대는 특정한 천川의 하구河口라는 좁은 범위가 아니고 금강 하구부터 동진강 하구까지 사이의 해상으로 생각하는 방법도 좋을 듯하

저녁 무렵 동진강 낙조.

다(倉本一宏, 『戰爭の日本古代史』講談社, 2017, 140~141쪽)"는 견해도 있다.

그러나 분명한 것은 한·중·일의 사서는 본 전장과 관련해 '백강'·'백촌강'·'백강구'로 표기하였다. 한결같이 백강이라는 강 이름이 등장하므로 강어구에서 벌어진 전쟁이 분명하다. 그러므로 아무리 그럴듯한 정황을 제기한다고 해도 줄포나 곰소만을 비롯한 해안 지역은 타당하지 않다. 물론 왜에서 항진한 선단이 상륙 목표지에 근접한 줄포에 상륙하려는 것은 충분히 고려할 수 있다. 그러나 상륙하기 어려운 상황이 발생했던 것 같다. 가령 왜군 선박의 접안을 엄호하는 백제군이 없었거나 신라군에게 밀려났기에, 상륙 지점을 바꿔 동진강으로 진입하려 한 것으로 보인다.

연구사 주류성 비정

금강과 맞붙어서 웅진도독부가 부여에 소재했다. 물론 웅진도독부는 그 이름에 맞게 의자왕이 피신한 공주에 설치되었다. 그 후 당은 웅진도독부를 공주에서 왕도였던 부여로 옮겼다. 그랬기에 최치원이 지은 「상태사시중장 上太師侍中狀」에서 '부여도독부'로 표기한 것이다. 부소산성에 유인원 기공비가 세워졌고, '대당大唐' 명문 기와가 부소산성과 부여 읍내 쌍북리 가마터에서 출토된 사실이 이를 뒷받침한다.

백제 왕성 주류성의 위치를 크게 2 구역으로 구분하면, 금강 이북설과 이남설로 나눌 수 있다. 웅진도독부의 소재지인 공주나 부여를 축으로 그 이북과 이남으로 분류할 수 있다. 그러면 백강과 주류성에 관한 지금까지의 연구에 대해 일별하기로 한다.

국가회복운동기 백강과 연계된 곳이 백제 왕성 주류성이었다. 주류성이 왕성이었음은, "적장이 주유州柔에 와서 그 왕성을 에워쌌다(e)"·"주류성은 백제의 소굴로서(c)"라는 기사와 더불어 피성避城 천도 직전의 왕성으로서 주유州柔(h)가 보이기 때문이다. 그리고 "용삭 3년(663) 계해, 백제 여러 성들이 몰래 흥복을 도모했다. 그 우두머리가 두율성에 웅거해, 왜에 군대를 청해 도움받고자 했다. 龍朔三年癸亥 百濟諸城 潛圖興復 其渠帥據豆率城 乞師於倭爲援助(『삼국사기』 권42, 김유신전)"는 기사가 있다. 여기서 '그 우두머리가 두율성에 웅거해'라는 구절의 '그 우두머리'는 백제 왕과 수뇌부들을 가리킨다. 이와 연계된 '두율성'은 주류성인 것이다. 당시 백제 왕성은 주류성·주유성·두율성 등으로 표기되었다.

분명한 것은 663년 신라와 당의 수군은 백강에서 육군과 합세해 주류성을 공격했다(『구당서』 권199상, 동이전 백제). 이로 볼 때 백제 왕성인 주류성의 위치는 백강 근방임을 알 수 있다. 더욱이 "주류성 함락의 원인은 백강의 패전에 있다고 할 수 있다"고 하였다. 이렇듯 백강의 위치 파악은 주류성의 위치 확인을 넘어 전쟁 환경을 살피는데 빼놓을 수 없는 전제였다.

백제 마지막 왕성 주류성의 위치에 대해서도 견해가 다양하다. 이를 도표

화한 다음, 중요한 지견 중심으로 소개해 보고자 한다.

〈주류성 위치에 대한 여러 견해〉

주류성	주장자
서산 지곡	李書九(1754~1825)·成海應(1840)
금강 하류	韓致奫(1823)
서천 한산(건지산성)	津田左右吉(1913)/ / 李丙燾(1959)/ 李弘稙(1963)/ 李基白(1967)/ 鈴木治(1972)/ 鬼頭淸明(1981)/ 沈正輔(1983)/ 鄭孝雲(1991)/ 川崎晃(1993)/ 李基東(1996)/ 金昌錫(2002)/ 盧泰敦(2009)
서천 吉山川 하류	池內宏(1934)
서천 기산(영모리산성)	沈正輔(2003)
청양 정산(두릉윤성) 원문의 定州 수정	桂奉瑀(1913)
부여 충화·서천 마산(周峰麓山城)	輕部慈恩(1971)
부여 임천	李裕元(1871)
전주 서쪽	陳德華(1743)/ 玄采(1909)
부안(古城址)	小田省吾(1924)
부안(위금암산성)	今西龍(1934)/ 安在鴻(1948)/ 全榮來(1976)/ 盧道陽(1979)/ 李道學(1997)/ 李鍾學(2003) …
정읍 고부(두승산성)	今西龍(1934)
김제 수류	大原利武(1924)
세종(燕岐, 원수산성)	黃義敦(1910)/ 申采浩(1931)
세종(당산성)	金在鵬(1980)
세종(전동 운주산성)	서동인(2023)
천안(성거산 위례성)	김민수(2017)
홍성(홍성 읍성·학성 등)	金正浩(1861~1866)/ 朴性興(1994)/ 李在俊(2017)
서천 비인	池憲英(1972)
정읍 칠보	徐程錫(2000)

주류성의 위치를 금강 쪽으로 비정한 이는 한치윤(1765~1814)과 성해

응(1760~1839)에서 비롯했다. 성해응은 백강구를 서천 지경地境으로 보고, 주류周留와 지류知留는 음전音轉으로 가능하다고 보면서, 강산 이서구(1754~1825)가 일찍부터 백제 때 지육현知六縣이고 신라 때 지육현地育縣이었던 서산의 지곡폐현地谷廢縣(서산 지곡면)이 "땅이 대단히 험조險阻한 즉 주류성이다"고 지목했다는 것이다. 이곳에는 백제 때 축조된 부성산성이 소재했다. 이렇듯 이서구는 주류성을 금강 권역에서 찾았다. 한치윤과 더불어 주류성의 방향을 잡은 이로 평가할 수 있다. 그 밖에 이유원李裕元이 1871년에 탈고한 『임하필기』에서도 주류성을 금강과 연계된 임천 근방으로 지목했다.

주류성 위치

주류성을 전라북도 일원으로 지목한 견해는 1743년에 간행한 『대청일통지』의 '전주서경全州西境'이 최초였다. 1909년 현채의 글도 이를 답습했다. 주류성 = 부안설의 서곡이었다. 부안설을 최초로 제기한 이는 오다 쇼고小田省吾였다. 그의 논지를 정리해 보면 대략 다음과 같다.

주류성을 최후에 공격할 때 당 수군은 백강으로 가서 그 육군과 모여 이 성을 포위하려고 했다. 이때 신라병은 당 육군과 함께 주류성 밑으로 갔는데, 왜 수군이 와서 백제를 도우려고 하였다. 왜선 1천 척이 백사에 정박했는데, 백제의 정기精騎가 물가 언덕에 있으면서 왜선들을 지켰다. 그때 신라의 효기驍騎와 당군의 선봉이 먼저 언덕에 있던 백제군을 격파하자, 주류성은 낙담하여 드디어 항복했다고 사건의 흐름을 정리했다. 이에 따라 몇 가지 전제를 걸었다.

주류성의 위치는 백강과 결부지어 결정되어야 한다. 이미 백강을 동진강으로 비정했다면 부안이나 그 부근의 고성지古城地로 주류성을 비정하는 게 가장 타당하다. 661년 신라 김흠은 군대를 거느리고 주류성을 공격하려고 고사古泗에 이르러 복신에게 격파당했다. 김흠은 많은 병마를 잃고 갈령도葛嶺道로부터 달아나 돌아왔는데, 고사는 곧 지금의 고부요, 옛적의 고사부리이고 부안에서 겨우 3~4리에 불과하다. 갈령은 부안을 나와 고부와 정읍을 지나 순창으로 가는 도로인데, 지금도 존재하는 갈치葛峙가 틀림 없다면, 주류성을 부안으로 비정하는 게 신빙성 있다.

주류周留와 주류州柔가 다르지 않다면 『일본서기』에서 "주유는 산이 험한데 축조되어 있어 방어하기에 적합할뿐 아니라, 산이 가파르고 높으며 계곡이 좁으니, 지키기는 쉽고 공격하기는 어렵기 때문입니다. 주유는 산험한 곳에 설치되었고, 州柔設置山險 盡爲防禦 山峻高而谿隘 守易而攻難之故也"라고 한 부안의 지세는 대개 동진강구에 가까운 산지山地인 것 같다. 부안의 남쪽 약 5리 해변에 소재한 줄포茁浦의 '줄'은, 주류성 이름이 남아 있는 증거이다(小田省吾, 「朝鮮上世史」 『朝鮮一般史』 조선총독부, 1924, 195쪽).

오다 쇼고는 '줄포茁浦의 '줄'은, 주류성 이름이 남아 있는 증거이다'고 했는데 탁견으로 보인다. 줄포는 원래 '줄래포'가 변한 것이라고 한다(한글학회, 『한국지명총람 11(전북편 상)』 1981, 395쪽). 그렇다면 줄래포의 '줄래'는 주류성의 '주류'와 더욱 가깝기 때문이다.

백강의 위치는 주류성 비정의 관건이었다. 그러면 백강과 웅진강 및 기벌포가 동일한 강江에 속한 지 여부는 검증이 필요하다. 지금까지의 연구 중에는 백강의 위치를 고정불변으로 여기는 경향도 없지 않았다. 그랬기에 자신들의 논지에 부합되는 기사만 선택하여 밀고나가는 경향을 보였다. 그러다 보니 주류성과 백강 위치 비정론은 팽팽하게 평행선을 달릴 수밖에 없었다. 그런데 발굴 결과 주류성 = 건지산성설은 붕괴되었다. 건지산성은 "따라서 성문의 입지 조건을 통해서 보아도 건지산성은 삼국시대 산성과는 부합되지 않는 점이 있음을 알 수 있다. … 건지산성이 백제시대의 주류성이 되기 위해서는 적어도 성내에서 백제시대 유물이 출토되어야 하는 것은 당연하다. … 성내에서 많은 양의 유물이 수습되었다. … 그 대신 삼국시대 유물은 단 한 점도 발견되지 않았다. 이러한 사실로 미루어 볼 때 건지산성의 축성 시기를 삼국시대로까지 소급해 보기는 어려울 듯하다. … 산성은 고려시대에 축성되어 이어져 오다가 조선시대에 폐성廢城된 것으로 믿어진다(충청매장문화재연구원·서천군, 『건지산성』 1998, 249~250쪽)"고 했다. 그러자 재빠르게 주류성 = 부안의 위금암산성설에 붙는 논자도 나왔다. 문제는 그 논자가 백강의 위치를 여전히 금강으로 간주했다는 것이다. 백강 소재지는 주류성 위치의 관건이므로, 주류성 위치가 바뀌었다면 백강 역시 바뀌어야 마땅하다.

주류성의 위치 또한 『일본서기』에서 가장 자세한 기록을 남겼다. 그러면 다음 기사를 본다.

봄 2월 을유, 병술이 초하루인 날, 백제가 달솔 금수金受 등을 보내 조調를 바쳤다. 신라인이 백제 남쪽 지경 4주四州를 불태우고, 아울러 안덕安德 등 요지要地를 빼앗았다. 이에 피성避城은 적적과 거리가 가까운 때문에 형세를 유지할 수 없는 까닭에 곧바로 주유州柔로 돌아왔으니 (에치노) 다쿠쓰田來津가 꾀한 바와 같았다. 春二月乙酉朔丙戌 百濟遣達率金受等進調 新羅人燒燔百濟南畔四州 幷取安德等要地 於是避城去賊近 故勢不能居 乃還居於州柔如田來津之所計(『일본서기』 권27, 천지 2년).

위의 인용에서 '新羅人燒燔百濟南畔四州 幷取安德等要地'를, '신라인이 백제 남쪽 경계에 있는 4주州를 불태우고, 아울러 안덕安德 등 요지를 빼앗았다'로 해석하였다. 그러나 안덕安德은 '덕안德安'의 도치倒置로 밝혀졌다. 그리고 '南畔四州'의 경우도 도치 가능성을 타진해 보아야 한다. 『일본서기』에는 이때의 전황을 "二年 春二月 … 新羅人燒燔百濟南伴四州 幷取安德等要地"로 기록했지만, "二年 春二月 … 新羅人燒燔百濟南四伴州 幷取德安等要地"로 기록해야만 옳다. 즉 '반사주'는 사반주로 표기해야 한다. 그러면 1년 뒤 웅진도독부 관하 72주의 하나요 전라남도 영광靈光 방면에 거점을 설치한 사반주와 연결짓는 게 무리가 없다. 또 사반주 관내의 4개 현縣은 대체로 영광과 함평 그리고 고창으로 비정된다.

여기에다가 663년 2월, 거물성(거창)과 사평성이 신라에 흡수되었다. 사평성은, 순천 연혁에서 "본래 백제 감평군歃平郡[歃은 沙로도 하고, 武로도 한다]이다. 신라가 승평군昇平郡으로 고쳤다(『신증동국여지승람』 권40, 전라도, 순천도호부, 건치연혁)"고 했다. 신라 승평군(순천)을 백제 때 사평군沙平郡으로도 표기하였다. 신라군은 경남 거창(거물성)에서 서진하여 전남 순천 일원을 장악한 것이다. 사평성의 위치를 금강 이북으로 비정한 견해는, 이때 함께 점령한 거물성(거창)과 거리상 너무 격절되었다. 이 점을 직시해야 한다. 그리고 앞서 언급했듯이 '안덕'은 덕안을 잘못 기재한 것이다. 덕안은 백제 5방성 가운데 동방성을 가리키는 득안성得安城으로서 충청남도 논산시 은진이었다. 백제군은 동부와 남부 지역에서 총공격을 받아 포위되는 상황을 상상할 수 있다.

그러면 백제가 왕성으로 천도했던 피성避城은 어느 곳일까? 일반적으로 피성을 벽골군碧骨郡이었던 김제와 결부 짓고 있다. 그러나 피성의 '避'와 '벽골군'의 '碧骨'은 연결되지 않는다. 피성은 '하룻밤에 갈 수 있는' 신라와 근접한 지역이므로, 김제에는 해당되지 않는다. 그러면 이와 관련한 다음 기사를 보자.

병술이 초하루인 겨울 12월, 백제 왕 풍장과 그 신하인 좌평 복신들이 사이노 무라치狹井連 및 에치노 다쿠쓰와 의논하여 "이 주유州柔는 전지田地와 멀리 떨어져 있고 토지가 척박하니 농잠農蠶할 땅이 아니요 방어하고 싸울 장소이다. 이곳에 오래 있으면 백성이 굶주리게 될 것이다. 지금 피성避城으로 옮기는 게 좋겠다. 피성은 서북에는 고련단경古連旦涇의 물이 띠를 두르고 동남쪽에는 깊은 진흙의 큰 제방에 의거해 막을 수 있다. 주위가 밭으로 둘러져 있는데, 도랑을 터뜨리고 비가 내려 꽃이 피고 열매가 여는 것이 삼한에서 가장 기름진 곳이다. 의식의 근원이라 할 만큼 천지가 깊이 잠겨있는 땅이다. 비록 땅이 낮은 곳에 있지만 어찌 옮기지 않으리요"라고 말하였다.

이때 에치노 다쿠쓰가 혼자 나아가 간언하여 "피성은 적이 있는 곳에서 하룻밤에 갈 수 있습니다. 서로 가깝기가 이처럼 심합니다. 만일 불의의 일이 있으면 뉘우쳐도 미치지 못할 것입니다. 대저 굶주림은 후의 일이고 망하는 것은 먼저입니다. 지금 적이 함부로 오지 않는 까닭은 주유가 산이 험한데 축조되어 있어 방어하기에 적합할뿐 아니라, 산이 가파르고 높으며 계곡이 좁으니 지키기는 쉽고 공격하기는 어렵기 때문입니다. 만일 낮은 지역에 있으면 무엇으로 거처를 굳게 지켜 동요하지 않고 오늘에 이르렀겠습니까"라고 말하였다. 그러나 간언을 듣지 않고 피성으로 천도했다(『일본서기』 권27, 천지 원년 12월).

피성의 위치와 관련해 '피성은 서북에는 고련단경古連旦涇의 물이 띠를 두르고 동남쪽에는 깊은 진흙의 큰 제방에 의거해 막을 수 있다. 주위가 밭으로 둘러져 있는데, 도랑을 터뜨리고 비가 내려 꽃이 피고 열매가 여는 것이 삼한에서 가장 기름진 곳이다. 의식의 근원이라 할 만큼 천지가 깊이 잠겨있는 땅이다. 비록 땅이 낮은 곳에 있지만 어찌 옮기지 않으리요'라는 구절은 벽골제를 연상시켰다. 그러나 한반도 서남부 지역에 농지와 제방은 많다.

일단 피성避城과 유사한 음가를 지닌 행정 지명으로는 임피臨陂의 피산陂

山이 보인다(『고려사』 권57, 지11, 전라도 지리2, 임피현). 피성은 벽골碧骨이었던 김제보다는 임피의 피산과 근접하는 것 같다. 지금의 군산에 속한 임피라면, 덕안德安 즉 논산의 은진을 신라가 점령한 상황과 결부 지을 수 있다. 이곳은 '적이 있는 곳에서 하룻밤에 갈 수 있습니다'고 한 거리상으로도 크게 벗어나지 않는다. 임피는 신창진을 비롯한 중요 항구를 끼고 있었고, 전체적으로 지대가 낮았다. 그리고 임피현 진산인 예산芮山에는 옛 성터가 남아 있었다.

피성과 연계된 주류성의 소재지에 대해서는 여러 지견이 제기되었다. 이 중 주류성 = 홍주목설을 주목해 본다. 당초 고산자 김정호는 홍주洪州를 주류성이 소재한 곳으로 비정한 바 있다. 재차 "두릉윤성豆陵尹城[지금 定山], 주류성[지금 홍주]"라고 하였다. 그리고 같은 책 성지城池 조에서 "읍성은 옛 주류성인데 둘레가 5천 8백 50척이고 샘이 3개, 문이 4개, 곡성曲城이 8개이다"고 하였다. 박성흥(1917~2008)은 이를 주목한 후 현재 홍주목성은 주류성이 될 수 없지만 홍성 관내에서는 찾을 수 있다고 보았다. 이와 관련해 663년 2월에 신라가 점령한 사평沙平을 순암 안정복은 '사평[지금의 홍주 신평현新平縣이다]'으로 비정한 바 있다. 이를 받아 박성흥은 사평을 지금의 당진시 신평면으로 지목함으로써 주류성을 에워싼 전장을, 금강 이북 홍성 일대로 견인할 수 있었다.

박성흥은 백강 전투 때 '왜선 1천 척이 도착했다'는 '백사白沙'를 추적했다. 백사는 고유명사라기 보다는 백사장이라는 보편적인 지형을 가리킬 수도 있다. 그럼에도 박성흥은 집요하게 추적하여 당진 석목면 삼봉리 '차돌배기 마을(백석촌)'을 발견했다. 그의 입장에서는 백촌의 발견이었다. 이를 전제로 백강은 석목면~고대면 바다를 가리키는 것으로 지목했다. 그리고 주류성 또한 아산만으로 흘러들어가는 무한천(삼교촌)유역일 가능성을 확신했다. 그는 홍주군洪州郡 시절 얼방면乻方面 학성리鶴城里의 얼방을 백제

왕호 어라하와 결부 지어 왕성 소재지로 지목하였다. 그는 학성의 '학鶴'은 '두루미·학'이므로 '두루·주'의 주류성과 연관 있다고 보았다.

주류성 위치 문제와 관련이 깊은 피성避城의 훈독 '헤사시'와 당진 면천의 혜성槥城이 연결될 수 있고, 고련단경古連旦涇과 관련한 저수지로 합덕지를 지목했다. 피성을 면천면 성잿골 몽산고성으로 비정하였다.

박성흥의 집요한 주류성 위치 추적은, 이재준의 군사학적인 종합적 분석을 통해 "지금까지 제시된 지역들 중에 홍성군 장곡면 산성리·대현리의 석성·학성이 주류성일 가능성이 있으며, 산성리~천태리 일대 산성들이 주류성을 포함하는 제성諸城일 가능성이 가장 높다(이재준, 『백제 멸망과 부흥전쟁사』 경인문화사, 2017, 333~334쪽)"고 결론 짓게 했다. 이재준은 자신의 박사학위 논문에서 박성흥의 견해에 좌단左袒하였다.

백강과 주류성 위치 비정의 관건

백강과 주류성 위치 비정의 중요한 포인트는, 문무왕의 「답설인귀서」에서 "주류성은 겁을 집어먹고 드디어 곧 항복했습니다. 남방이 이미 평정되자 군사를 돌려서 북쪽을 치려 했는데, 임존성 한 개 성만은 단단히 지켜 항복하지 않으므로 周留失膽 遂卽降下 南方已定 迴軍北伐 任存一城 執迷不降 두 나라 군사가 힘을 합쳐서 함께 임존성을 쳤습니다"는 문구이다. 이 구절은 주류성 = 건지산성설 근거로서 제기하는, 주류성을 향한 공격로에 임천의 가림성이 소재했다는 주장을 무력화시켰다. 주류성 항복 = 남방 평정을 통해 주류성은 금강 이남에 소재한 게 확인되었다.

웅진도독부가 당군의 출발지였고, 또 이들은 수군과 군량 실은 선박을 이끌고 웅진강(금강)을 통과해 백강으로 진입한 후 주류성에 이르고자 했다.

이러한 당군의 동선에 따르면, 금강 반경 바깥에 주류성이 소재한 것이다. 게다가 수로 이동이므로 내륙에 소재한 가림성이 장애가 될 이유가 없었다. 물론 부여 임천에 소재한 가림성은 금강을 이용한 당군의 동선을 파악할 수 있는 요충지였다. 그러나 가림성의 백제군은 당군의 동선을 가로 막거나 방해하지는 않았다. 그 뿐 아니라 당군이 가림성을 건너뛰게 된 데는 다른 이유가 있었다. 당군 주력은 유인원 병력이 증원되어 사기가 오르자, 공격 방향을 논의할 때 수륙의 요충지인 가림성을 먼저 치자는 의견이 제기되었다. 그러자 유인궤는 험고한 가림성보다는 백제군 수뇌부가 있는 주류성을 먼저 공격하자고 했다. 이 의견이 받아들여져 주류성 공격을 단행한 것이다. 따라서 가림성의 소재지는 주류성 위치 파악의 관건이 될 수 없었다. 가림성은 주류성이 금강 이북이나 이남에 소재했든, 그 위치 파악과는 아무런 관련이 없다.

부여 임천면 가림성에서 바라 본 금강 하구.

3년 간에 걸친 항쟁이 서서히 막을 내렸다. 문무왕의 글에서는 주류성 함락에 이어 '남방이 이미 평정되자, 군대를 돌려 북방을 정벌하려고' 했다. 주류성은 '남방'이라는 공간에 속했음을 알 수 있다.

　　그러면 현재 통설인 부안 위금암산성설을 검증해 본다. 부안군 상서면에 소재한 위금암산성은 총 둘레 3,960m인 초대형 포곡식 산성이다. 건물지(묘암사지) 지표 조사에서 백제 삼족토기편이 출토된 바 있다(전북문화재연구원, 『扶安 禹金山城』 2017, 101쪽). 그러나 동문터와 동쪽 성벽을 발굴 조사한 결과 백제와 관련한 고고학적 물증을 확보하지 못했다. 물론 전면 발굴이 아니기 때문에 이것만 놓고 단정할 수는 없다. 다만 위금암산성은 서해에서 곰소만을 따라 들어오면 내륙과 만나는 초입에 해당한다. 그러한 위금암산성의 입지는 주류성의 소재지로서 유리한 것은 분명하다. 게다가 서해에서 동진강을 따라 내륙으로 들어오는 길목에 구지리토성·수문산성·반곡리토성·용화동토성·용정리토성·염창산성·사산리산성·소산리산성·장동리토

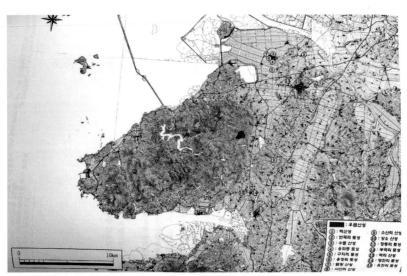

위금암산성과 해안 지역 방어 거점도(전북문화재연구원, 『扶安 禹金山城』 2020, 52쪽. 도면8. 우금산성 및 주변 산성 위치도.)

성·영전리토성 등이 포진하였다. 위금암산성이 모성母城이라면 자성子城 격의 작은 성들이 배치된 형태이다. 그러나 중요한 사실은 위금암산성 반경에 백제 고분군이 조성되지 않았다. 부안 위금암산성설의 결정적인 맹점이다.

위금암산성의 내력에 관한 기록 가운데 현전하는 가장 오래된 글은 고려 문인 이규보가 "신라 장군 위금이 이 바위에 와서 석성을 쌓아 적을 막았는데, 지금까지 잘 남아 있으므로 위금암으로 부른다. 新羅將軍位金來此巖 築石城禦敵 至今猶在 故號位金巖(『동국이상국집』)"고 한 것이다. 『신증동국여지승람』에서는 "우진암禹陳巖: 변산 꼭대기에 있다. 바위가 둥글면서 높고 크며 멀리서 보면 눈빛이다. 바위 밑에 3개의 굴이 있는데, 굴마다 중이 살고 있으며, 바위 위는 평탄하여 올라가 바라볼 수 있다"고 하였다. 위금암이 우진암으로 바뀐 것은 구개음화 현상으로 보인다.

유형원이 1656년 경에 편찬한 글에서 "우진암[혹은 우금암]: … 밑에 2개 굴이 있는데, 굴은 모두 작은 암자이다. 남쪽은 옥천, 동쪽은 학서였다. 禹

부안 위금암산성 일부.

陳巖[一云禹金巖] … 下有兩窟 窟皆有小菴 南曰玉泉 東曰鶴樓(『東國輿地志』 부안현, 산천)"고 해 암자가 보인다. 강세황(1713~1791)은 "돌 밑에 굴이 있 는데 크기가 백 칸 집만했다. 깊이는 수십 길 될만하였다. 벽에 종횡으로 있

위금암산성 밑의 동굴 앞에서 학생들과(2014년 5월).

위금암산성 동굴에서 바깥을 바라 봄.

정읍 고사부리성에서 바라본 두승산성.

는 문양은 무늬 있는 비단 같았다. 이것이 우진굴[혹은 우금굴이라고도 한다]
이다. 굴 앞에 작은 절이 있는데 현판에 옥천암 3글자가 있다. 石底有窟 大
如百間屋 深可數十丈 壁紋縱橫如文錦焉 是爲禹陳[或云金]窟 窟前有小蘭
若 眉扁玉泉菴三字(「遊禹金巖記」)”고 하였다. 위금암 밑의 굴은 내력이 전
하지 않은 승려들의 수도 공간이었다. 복신굴이라는 이름은 존재하지도 않
았다. 원효방(원효굴) 외에는 없었다. 주류성과 연관 지으면서 이곳 저곳에
서 복신굴을 만들어낸 것이다.

　게다가 자연 지명에 대한 증거 능력이 높은 『한국지명총람』(한글학회)에
서는, ‘주유성’을 ‘울금바우산성’이라고 했다. 김유신과 소정방이 이곳에서
만나 회담했다는 전승, 개암사 동쪽의 김유신 영정을 봉안한 ‘흥무왕 영당’,
그리고 백강 전투 이후 친당 정권인 웅진도독부가 전라북도 고부에 설치한
영현領縣 가운데 ‘평왜현平倭縣’이 보이고 있다. 친왜 정권인 풍왕과 대척점
에 섰던 승자 부여융은 왜를 평정한 지역에 의미 있는 지명을 남겼다. 평왜
현은 백강 전투 직후에 지은 행정 지명이므로 의미심장하게 받아들여야 마

땅하다. 고부와 부안 일원이 백강 전투 반경임을 웅변하기 때문이다.

신라와 당은 주류성을 함락시킨 후 '남방이 이미 평정되자 군사를 돌려서 북쪽을 치려 했는데, 임존성 하나만은 단단히 지켜 항복하지 않으므로'라고 했다. 금강을 기준으로 북방과 남방을 나누었다고 할 때, 주류성이 금강 이남에 소재한 결정적 증거가 된다. 아울러 백강을 동진강으로 비정할 수 있을 때 그 권역에서 3년 간 항쟁의 거점이 되려면 일단 방어하기에 유리한 험준한 지세에 소재해야만 한다.

백제인들의 초기 항쟁 거점인 임존성의 경우도 현재 예산 대흥에 소재한 성터에서는 백제 때 유물이 출토되지 않았다. 「유인원기공비문」에서 '임존에 보를 쌓아 웅거하면서 堡據任存', 그리고 '임사기산에 웅거 據任射岐山(『일본서기』)'라고 했다. '임존'과 '임사기산'이라고 했을 뿐 임존성이라고 하지 않았다. 그리고 작은 방어 시설인 '보'를 만든 것 밖에 없다. 660년 8월 26일 신라군이 임존성을 공격한 상황을, "임존 대책을 공격했으나 군대가 많고 땅이 험했기에 꺽지 못했다. 다만 작은 책만 공파하였다. 攻任存大柵 兵多地嶮 不能克 但攻破小柵"고 했다. 목책만 2회나 거론했을 뿐, '성'의 존재는 언급이 없다. 임존성에서 흑치상지의 항전을 "함께 임존산을 지키면서 책을 쌓고, 스스로 지키니 열흘만에 귀부한 자가 3만여 명이었다. 共保任存山 築柵而自固 旬日而歸附者三萬餘人(『구당서』 권109, 흑치상지전)"고 했다. 『신당서』에서도 흑치상지 항전 초기의 모습을 "임존산에 근거하여 스스로를 굳게 지켰다. 依任存山自固(『신당서』 권110, 흑치상지전)"고 했다. 역시 '임존산'으로 표기하였다.

이로 볼 때 당초 성이 없던 임존산에 책을 설치해 항전의 근거지이자 요새로 삼은 것이다. 열흘도 되지 않아 3만여 명이 몰려 왔기에 책을 설치하는 일은 어렵지 않았던 것 같다. 백제 당시에 임존성은 존재하지 않았지만, 항전의 근거지가 되었기에 방어 시설을 만든 것으로 판단된다. 실제 임존성

주변에 백제 고분군이 확인되지도 않았다. 예산 지역에서는 웅진기 고분이 조사된 바 없다고 한다(예산군·백제문화재연구원, 『예산 임존성 수구지 발굴조사』 2010, 6쪽).

임존성에서는 백제 유물이 출토되지 않았다. 이에 대해서는 "조사 지역을 포함한 임존성에 대한 발굴 조사는 모두 4차에 걸쳐 진행되었는데 대개 편년은 통일신라~조선시대에 해당되는 유적으로 확인된 것이다. 그러나 역사적인 자료에 근거하였을 때 임존성은 백제시대 유적으로 알려져 있어 통일신라시대 이전의 유적이 잔존할 가능성을 배제할 수 없다. 추후 이 일대에 대한 발굴조사가 진행된다면 기존에 조사된 건물지의 전반적인 규모와 형상, 그리고 조사방법 등을 파악할 수 있는 계기가 될 뿐만 아니라 백제시대 유적이 확인되기를 기대해 본다(예산군·백제문화재연구원, 『예산 임존성 건물지유적』 2016, 61쪽)"고 했다. 이곳에서 출토된 통일신라 기와에 '임존관任存官' 명문이 확인되었다. 그렇기 때문에 임존성으로 비정할 수 있는 곳은 대흥 봉수산성 외에는 달리 없다. 마찬 가지로 위금암산성에서 삼족토기가 출토되었지만 백제 문화층이 확인되지 않았다는 이유로 백제와의 연관성을 부정하기는 어렵다.

삼족토기편이 출토된 위금암산성 역시 회복운동기에 새로 축조된 성으로 보인다. 이와 더불어 험절한 지형에 소재한 정읍의 두승산성도 주목을 요한다. 고려시대 유물이 대부분이지만 백제 유물도 출토되었다는 것이다. 369년 전라북도 지역의 마한을 평정한 후 백제 근초고왕이 왜장을 만난 장소를 '주류수기州流須祇'라고 했다. 이후 백제 왕과 왜장은 벽지산과 고사산에 올라 서명하였다. 후자의 고사산은 고부 두승산으로 비정되고 있다. 왜의 힘이 절실히 필요했던 백제인들은 양국의 서맹 장소였던, 상징성이 지대한 두승산을 거점으로 삼았을 가능성이다. 험절한 두승산성의 입지 조건은 주류성의 지형과도 잘 부합한다.

6

:

지자체의 지역
정체성 확인

백강과 주류성의 위치에 대해 상이한 견해가 너무 많았다. 금강을 기준으로 그 이북과 이남으로 구분하여 살피기도 한다. 이 중 주류성의 소재지로 제기된 지역에서의 역사 인식을 시군市郡 홈페이지 등의 서술을 통해 살펴보았다.

홍성군

주류성의 위치로 지목되는 지역 가운데 홍성군 홈페이지에 게재된 고장의 공식 역사는 다음과 같다.

백제 멸망 후

각지에서 백제의 부흥기치를 내걸고, 임존성(지금의 홍성군 금마면과 예산군 대흥면의 군계를 이루는 봉수산)과 주류성(서천 비인설, 연기설, 부안설이 있으나 홍성설이 유력)을 중심으로 치열한 전투를 전개, 부흥군은 한때 20여성의 호응을 받았으나 전세가 점차 약화되어 662년 12월 주류성이 함락되어 부흥군은 피성(피성 역시 여러 설이 있으나 홍성군 장곡면의 석성산성을 주류성으로 보았을 때 당진군 일대로 추정)으로 거점을 옮기게 되었다.

수세에 몰린 부흥군은 663년 2월 피성으로, 다시 주류성으로 옮겨 전열을 정비하였으나 지도층에 내분이 생겨 663년 6월 복신이 풍왕에게 살해됨.

결말

나·당 연합군은 같은 해 8월부터 부흥군 토벌에 주력하여 두릉윤성과 주류성 등 여러 성을 쳐서 함락시키고, 부흥군의 최후 거점인 임존성도 663년 11월에 함락-홍성지역을 중심으로 벌어졌던 백제부흥의 노력은 막을 내림.

위의 인용에서 보듯이 홍성군은 주류성의 위치를 홍성 관내로 지목하였다. 그런데 '662년 12월 주류성이 함락되어'는 사실에 맞지 않다. 왜냐하면 주류성에서 피성으로의 천도 요인은 "이 주유州柔는 전지田地와 멀리 떨어져 있고 토지가 척박하니 농잠할 땅이 아니요 방어하고 싸울 장소이다. 이곳에 오래 있으면 백성이 굶주리게 될 것이다. 지금 피성避城으로 옮기는 게 좋겠다(h)"고 했기 때문이다. 그리고 '부흥군 토벌에 주력하여'의 '토벌'의 사전적 의미는, '1. 적 따위를 무력으로 쳐 없앰 2. 무력으로 쳐 없애다'로 보인다. 서술의 주체인 백제가 '적'이 될 수는 없지 않은가? 신라나 당의 입장에서 서술한 것이다. 즉각 시정이 요망된다.

당진시

당진시는 『디지털 당진문화대전』을 통해 당진의 역사를 소개했다. 이 중 백제인들이 국가를 되찾기 위한 항쟁과 관련한 서술이 다음과 같다.

백제 부흥운동 :

[경과] ··· 예산 임존성에서 시작된 부흥운동은 당진을 비롯한 서북부의 200여 개의 성과 3만의 백제 장정들이 호응하여 모여들었다. 당나라 군사의 공세를 이겨낸 백제 부흥군은 여세를 몰아 나당 연합군을 사비성에 몰아 넣고 포위 공격하였다. 『삼국사기』 문무왕 조에 의하면 이때 사비성의 2만 나당 연합군은 패망 직전에 이르렀는데 신라 원병의 도움으로 겨우 위기에서 벗어날 수 있었다. 백제 부흥군은 왜국에 가 있던 왕자 부여풍을 왕으로 삼았다. 근거지도 예산의 임존성에서 홍성의 주류성으로 옮겼으며, 663년에는 당진 면천에 있는 피성으로 옮기게 되는데 피성은 오늘날 면천 몽산성이다. 이후 백제 부

흥군은 고구려와 왜군의 지원을 이끌어 내 나당 연합군에 대항했지만 전력을 대폭 증강한 나당 연합군의 공격과 풍왕과 복신 간의 갈등 등 내분으로 나당 연합군의 총공세를 이기지 못하고 패망하고 말았다.

서기 663년 일본이 백제 부흥군을 지원하기 위하여 일본군 2만 7000여 명과 400여 척의 병선을 보냈으나, 10월에 백강구에서 나당 연합군과 치열한 전투 끝에 일본 지원군이 대패하였다. 일각에서는 '백강구白江口'를 흰 모래와 자갈이 해변에 가득하다 해서 붙여진 이름으로 보고 오늘날 충청남도 당진시 석문면 장고항리 일대라고 주장하는 의견이 있다.

[결과] 백제 부흥군은 풍왕과 복신 간에 불신이 생겨 서로 반목하게 되었다. 복신을 제거하고 권력을 잡은 풍왕은 왜군의 도움으로 백강구에서 나당 연합군과의 최후의 전투를 치르게 된다. 백강구 전투는 동아시아 최초의 국제 해전으로 네 차례에 걸친 치열한 전투 끝에 나당 연합군이 백제와 왜의 연합군을 물리치는 것으로 판가름이 났다. 이로서 백제 부흥군의 백제 복원의 꿈도 물거품이 되고 말았다.

[의의와 평가] 백제 부흥운동은 나라 잃은 백성으로서 나라를 되찾기 위한 투쟁의 여정이다. 오늘날 충청남도 당진 등 내포 지방인 백제 서북부 지방 백성들은 패망한 나라를 복원하기 위한 투쟁을 벌였다. 백제 부흥운동은 비록 내분과 전력 차이로 인해 실패로 끝났지만 백제 유민들의 독립 정신과 저항의지는 역사적으로 높이 평가할 수 있다.

위의 서술을 통해 당진시는 주류성을 홍성 관내로 지목했고, 백강은 당진 관내로 받아들였다. 비록 지나가는 이야기식으로 서술했지만, '오늘날 충청남도 당진시 석문면 장고항리 일대라고 주장하는 의견이 있다'고 했다. 전반적으로 당진시의 서술은 박성흥의 지견을 거의 수용한 입장이다.

서천군

서천군 대표 홈페이지에는 역사 항목이 보이지 않았다. 반면 서천군 관내 한산면을 소개하는 항목에 다음과 같이 주류성과 관련한 건지산성 소개가 있다.

한산면 소개

건지산성은 금강 하류 교통의 요지에 위치하고 있으며, 백제 부흥운동군의 거점이었던 주류성周留城으로 추정되고 있는 백제 말에 나타난 새로운 형식의 산성 건지산의 정상부근을 에워싼 말안장 모양의 내성과 그 서북쪽 경사면을 둘러싼 외성의 2중구조로 되어있는 산성이다. 성을 쌓은 시기는 백제 말에서 통일신라 전기로 보고 있다. 비교적 큰 규모의 산성으로, 내성은 흙으로 쌓았고 외성은 돌과 흙을 함께 사용하여 쌓았다. 이러한 2중구조의 산성은 특히 백제 말에 나타난 새로운 산성의 형식으로 알려져있다. 산성의 북쪽은 험준한 천연의 암벽을 이용하여 성벽을 삼았고, 나머지 부분은 흙으로 쌓았으나 심하게 붕괴된 상태이다.

문터의 흔적은 동문지와 서문지가 있으며, 성안에 봉서사라는 절이 있다. 봉서사 서쪽에 건물터로 보이는 계단 모양의 평지에서 불탄쌀과 백제의 토기 조각이 출토되었다. 산성에서의 전망이 매우 좋아서 한산읍성과 함께 금강 하류의 수륙교통의 요지에 위치하고 있으며, 백제부흥군의 거점이었던 주류성이 곧 이 산성으로 추정되고 있다.

성안에는 동문지로 추정되는 곳이 남아 있는데, 지금도 한산韓山에서 산성에 이르는 도로는 이 문터쪽을 거치게 된다. 또한 서쪽에도 문지가 확인되었는데, 이 문지에 이르러 앞뒤로 서로 방향이 어긋나게 벌어지면서 개방되었다. 이것은 마치 후대의 성곽에서 볼 수 있는 옹성甕城과 같이, 방어를 목적으로 미리 설계된 축성상의 구조로 추정되며, 성벽의 너비는 약 4m이다.

또한 산성의 남서쪽 낮은 봉우리에는 영모리 산성이 있다. 이는 건지산성에 딸린 부속성으로 방어를 위한 보루로 볼 수 있다. 이 구조 역시 백제식 산성의 특징이라 할 수 있다. 최근 발굴조사를 통하여 건지산성이 삼국시대에 쌓은 성이 아닌 고려시대 산성일지도 모른다는 설이 제기되고 있는데 반해 영모리 산성은 건지산성과는 시기가 다른 백제시기의 산성으로 여겨지고 있다.

최근 발굴 조사에 의하면 건지산성은 고려말기에 금강하구에 출몰하던 왜구倭寇를 막기 위하여 고려시대에 축조된 것으로 여겨지며, 조선왕조가 읍성을 축조하기 이전에 산성을 읍성 대용으로 사용한 것으로 추정이 된다. 조선 중종 때 한산읍성邑城이 축조되자 산성은 읍성 후방의 농성을 위한 산성으로 사용했을 가능성이 높다.

위의 인용을 살펴보면 앞뒤 내용이 상충한다. 먼저 "건지산성은 금강 하류 교통의 요지에 위치하고 있으며, 백제 부흥운동군의 거점이었던 주류성周留城으로 추정되고 있는 … 백제부흥군의 거점이었던 주류성이 곧 이 산성으로 추정되고 있다"고 단정했다. 그러나 뒷 문장에서는 "최근 발굴조사를 통하여 건지산성이 삼국시대에 쌓은 성이 아닌 고려시대 산성일지도 모른다는 설이 제기되고 있는데 … 건지산성은 고려말기에 금강하구에 출몰하던 왜구를 막기 위하여 고려시대에 축조된 것으로 여겨지며"라고 했다.

일관성을 유지하는 서술이 긴요하다고 본다. 게다가 서천군 홈페이지에는 고장의 내력을 서술한 역사가 보이지 않았다. 몹시 아쉽게 여긴다.

청양군

청양 정산으로 비정되는 두릉윤성을 음사音似에 따라 주류성으로 비정한 바 있다. 다음의 청양군 홈페이지는 고장 인식을 반영한다.

백제시대

칠갑산 동쪽으로 정산면, 목면, 청남면, 장평면 지역에 열기현이 있었고, 칠갑산 서쪽으로 청양읍 대치면, 운곡면 그리고 남양면 일부 지역을 차지하는 고량 부리현이 있었으며, 비봉, 화성면과 홍성군 장곡면 일대가 속했던 사시량현이 있어서 지금의 청양군이 백제시대에는 3개현의 구역이 있었다.

그런데 청양군에서는 두릉윤성에 대한 소개도 없을 뿐더러 백강 전투나 주류성에 관한 언급은 전혀 보이지 않았다.

세종시

세종시 홈페이지는 단재 신채호의 견해에 따라 연기 지역을 주류성으로 지목한 사실을 짧게 소개하였다.

두잉지현은 백제 패망 후 부흥군이 격렬하게 저항운동을 펼친 지역이었을 것으로 추정된다. 단재 신채호는 조선상고사에서 연기 지역을 백제부흥군의 주요 거점이던 주류성으로 비정比定[확실하거나 분명하지 않은 어떤 물체에 대하여 그와 유사한 다른 물체와 비교하여 성질을 정함]하였다.

세종시의 역사와 관련해 관내에 비암사碑巖寺가 소재했기에 백제인들의 조국회복운동과 관련해 단재 신채호의 지견을 소개한 것 같다.

정읍시

정읍은 백제 중방성인 고사부리성의 소재지 고부를 포함하고 있다. 비중이 높은 지역이 백제의 고부·정읍이었다. 정읍시의 홈페이지에는 다음과 같이 적혀 있다.

백제의 정촌현·대시산군·고사부리군 설치
636년 백제 무왕 37년, 영은조사가 영은사(내장사) 창건

위의 인용을 볼 때 백제사 속의 정읍 소개는 너무 소략하다. 백제 가요 「정읍사井邑詞」의 고장인 관계로 몹시 아쉽게 여겨진다.

부안군

주류성의 위치와 관련해 통설이었던 한산 건지산성설이 붕괴된 이후 대안으로 떠오른 지역이 부안의 위금암산성이었다. 다음은 관련한 부안군 홈

페이지의 글이다.

백제시대百濟時代

백제시대 부안 지역은 정치. 군사. 해양의 중요한 요충지로 자리 잡게 된다. 죽막동 해양제사 유적지가 있으며 주류성은 백제 멸망 후 백제부흥의 시작점 이자 수도이기도 했다. 행정상으로는 개화皆火와 흔량매欣良買 두 고을로 나뉘어 중방고사성中方古沙城에 속했다.

현재 주류성 소재지와 관련해 위상이 올라간 지역이 부안이다. 그럼에도 주류성의 소재지를 부안의 위금암산성으로 힘주어 특정하지 않은 게 다소 의아하다.

7

:

동아시아 대전大戰, 백강 전투

백강 전투가 지닌 의미

663년 8월 백강구白江口에서 발생한 백강白江 전투는, 백제-왜의 2개국 군대가 신라-당의 2개국 군대, 도합 4개국 군대가 격돌한 국제대전이었다. 백강 전투 현장에서 탐라 사신이 생포되었다. 이로 볼 때 탐라도 백제-왜 행렬에 합류한 것으로 추측된다. 직간접적으로 고구려도 개입했으므로 넓게 보면 6개국이 개입한 동아시아 대전이었다. 실제 "(부여풍은) 고려와 왜국에 사자를 보내 구원병을 청하여 관군을 막았다(『구당서』 권199상, 동이전 백제)"고 했다. 그리고 662년 3월, "이 달 당인唐人·신라인이 고려高麗를 정벌했다. 고려가 나라에 구원을 청하자 즉시 군장軍將을 보내 소류성疏留城에 의거하게 했다. 이로 말미암아 당인이 백제 남계南堺를 점령할 수 없었고, 신라도 그 서쪽 보루를 옮기지 않을 수 없었다(『일본서기』 권27, 天智 원년 3월)"고 했다. 이 기록에 보이는 소류성은 주류성周留城으로 지목되고 있다. 한치윤韓致奫(1765~1814)은 소류성을 주류성의 오기誤記로 간주하여 양자를 동일한 성으로 지목했다(『海東繹史』 권41, 交聘志9, 通日本始末). 그리고 '군장'은 동일한 『일본서기』 백강 전투에서도 "대당의 군장이 전선 170척을 이끌고 大唐軍將 率戰船一百七十艘"라고하여 보인다. 이 구절에 보이는 '군장'은 당의 수군을 이끌고 온 우위위장군右威衛將軍 손인사孫仁師를 가리킨다. 그러므로 왜가 파견한 군장도 신분이 상당한 장군으로 추정할 수 있다.

물론 고구려의 지원 요청을 받았지만, 왜는 직접 지원병을 고구려에 파견하지는 않았다. 대신 소류성(주류성)에 군장을 보냈다고 한다. 이러한 왜군의 소류성 증병에 따라 당군이 남쪽의 백제 영역을 넘볼 수 없었다. 신라도 자국의 서편이요 백제의 동편 지역을 공략할 수 없어 철수했다고 한다. 이 사실은 몹시 중요한 의미를 지녔다.

백제를 멸망시킨 신라와 당이 고구려를 정벌하는 상황이었다. 그런데 멸망한 백제가 재건되어 신라와 당을 위협한 것이다. 왜의 주류성 파병에 따라 신라와 당은 이곳을 방기한채 북방의 고구려전에만 몰입할 수는 없었다. 왜로서는 신라와 당의 병력을 분산시켰다. 결과적으로 왜는 간접적으로 고구려를 지원한 것이다.

고구려 역시 백제를 지원하는 일을 했다. 백제 멸망 직후부터 고구려는 산발적으로 신라를 침공했기 때문이다. 660년 11월 고구려는 신라의 칠중성(파주)을 공격했다. 661년 5월 고구려의 신라 술천성(여주)과 북한산성 공격도 뒤따랐다. 이렇듯 고구려도 신라의 전력 분산에 개입했기에 백제인들의 조국회복운동을 지원한 것은 맞다. 따라서 고구려가 직간접으로 백강 전투에 개입했다고 보는 것도 틀리지 않다. 더욱이 백강 전투 3개월 전인 663년 5월. 1일 "이누가미노 키미犬上君[이름 누락]가 달려가 고구려에 병사兵事를 알리고 돌아왔다"고 했다. 왜는 고구려와 긴밀히 연계해 있었던 것이다.

그러나 백강 전투에서 백제와 왜 연합군이 패함에 따라, 백제의 전통적 우방인 왜倭의 힘을 빌어 국가를 회복하려는 운동은 실패하였다. 단재 신채호는 "부여풍은 곧 중흥하는 백제를 멸망시킨 첫째가는 죄인이다"고 질타했다. 내분의 장본인 부여풍에 가장 큰 책임을 물었다.

신라의 입장에서는 백제와 연계해 한반도에 등장한 왜 세력을 자국사에서 영구 퇴출시킨 전투였다. 물론 백강 전투는 한국사보다는 일본사에서 의미를 더욱 크게 부여했다. 기토 기요아키鬼頭淸明(1939~)는 자신의 저서『백촌강—동아시아의 동란과 일본』(敎育社, 1986) 겉 표지에 '백강을 붉게 물드리고 왜군 패함! 격동하는 고대 동아시아사의 시야에서 그 역사적 의의를 해명'이라고 논지를 소개했다. 일본 문헌에서는 백강을 백촌강으로 표기하였다.

일본 교과서에서는 "'백촌강'은『일본서기』의 표현이며, '하쿠스키노에'라고 읽는다. 중국의『구당서』『신당서』에는 '백강', 한국의 사서『삼국사

기』에는 '백사白沙'라고 하며, 오늘 날 금강 하류로 말해진다. 역사 용어는 역사를 이해하기 위한 끈이지만, '하쿠스키노에'는 사건에서 반세기 이후에 편찬된 『일본서기』에서 제시한 지명이기 때문에 현재의 교과서 표기로 낙착된 것이다(五味文彦·鳥海靖 編, 『もういちど讀む山川日本史』山川出版社, 2010)"고 정의했다. 백강 전투에 관한 일본의 시각을 읽을 수 있는 글이 다음의 교과서 문장이다.

* 백촌강의 패전: 조선반도에서는 백제·고구려·신라의 대립이 격화되었다. 그래서 신라는 당과 결속하였고, 660년에 당과 신라의 연합군은 백제를 함락시켰다. 원래 백제의 고관 귀실복신은 일본에 있던 왕자 풍장왕의 귀국과 일본군의 구원을 구하고자 했다. 이에 대하여 국내에서 불안정한 상태에 있었던 나카노오에 황자中大兄皇子는 백제 구원을 명분으로 출병을 결행하는 일로써 한꺼번에 해결하고자 하였다. 그리하여 아즈미노 히라후阿曇比羅夫·카미츠케노 와카코上毛野稚子·아베노 히라후阿倍比羅夫 등이 이끄는 대군을 파견하고, 사이메이 천황齊明天皇은 몸소 규슈九州의 땅(朝倉宮)으로 나갔다. 그러나 천황은 병사하고, 백제군의 내분이 발생하여 외정군外征軍의 사기는 저하되었다. 이것에 편승하여 당군唐軍은 663년 대군을 파견하여, 8월 27일~28일 금강하구의 백촌강의 전투에서 일본군을 깨뜨렸다. 이렇게 하여 일본의 백제부흥의 기도가 실패 뿐만 아니라, 조선반도와의 교류의 발판도 완전히 상실했다. 이 패배로 인해 신정부의 의도는 무너졌고, 사태는 전혀 용이하게 전개되지도 않았다. 더욱이 신라는 이후에도 唐과 결탁하여 고구려를 멸망시키고(668년), 조선반도를 통일했다(676)(山本西郎·上田正昭·井上滿郎, 『解明新日本史』文英堂, 1983).

* 한편 조선반도에서는 신라가 통일로 나아가기 위하여 당唐과 연결하여

660년에 백제를 멸망시켰다. 백제에서는 그 후에도 호족이 군대를 모아 당과 신라에 저항하였고, 일본에도 구원을 요청하였기에, 조정은 백제에 군대를 보냈다. 그러나 663년 백촌강의 전투에서 당·신라군에 패하여 조선반도에서 일본의 지위는 완전히 상실되었다. 고구려도 668년에 멸망하여, 조선반도는 신라에 의해 통일되었다(五味文彦·鳥海靖 編, 『もういちど讀む山川日本史』山川出版社, 2010).

* 백촌강 전투와 국방의 준비 : 7세기 중반, 조선반도에서는 신라가 당과 합세하여 백제를 공격했다. 일본과 300년간 친교를 맺어 온 백제가 패하면서 조선반도 남부가 당의 지배하에 들어간 것은 일본에도 위협적인 일이었다. 따라서 나카노 오에 황자中大兄皇子를 중심으로 한 조정은 백제를 돕기 위해 많은 군사와 물자를 배로 보냈다. 663년, 조선반도 남서부에 있는 백촌강에서 나당연합군과 결전을 벌였으나 이틀간의 장렬한 전투 끝에 일본 측이 대패했다(백촌강의 전투). 일본 군선 400척은 불타올라 하늘과 바다를 화염으로 붉게 물들였다고 한다. 이렇게 하여 백제는 멸망했다. 신라는 당과 연합하여 고구려도 무찔러 조선반도를 통일했다.

한편 백제로부터 왕족이나 귀족들을 비롯하여 일반인들까지 일본으로 망명해 왔다. 그 중 일부는 오미近江 시카현滋賀縣, 일부는 도고쿠東國에 정착했다. 조정은 그들을 후하게 대접해 정치 제도 운영에 대한 지식을 얻었다.

백촌강의 패배는 일본에 커다란 충격을 주었다. 당唐과 신라가 쳐들어올 것을 우려한 일본은 규슈九州에 도키모리防人를 두고 미즈키水城를 쌓아 거국적으로 방위에 힘썼다. 또 나카노 오에 황자는 수도를 아스카飛鳥에서 오미近江로 옮기고 즉위해서 텐지 천황天智天皇이 되었다. 천황은 국내 개혁을 더욱 추진해 전국적인 호적을 만들었다(藤岡信勝, 『新編 新しい歷史教科書』自由社, 2009).

백강 패전은 디아스포라의
계기가 되었다. 풍왕 일행은
고구려로 넘어갔거나, 일부
는 신라에 항복했다. 그 나머
지는 당군의 포로가 되었고,
백제인 다수는 일본열도로
망명하였다. 대규모 주민 이

일본 구마모토현에서 제작한 백강 해전 영상.

동이 발생한 것이다. 여기서 명백한 사안은 백강 패전은 고구려 멸망과 연
동되었다. 승자인 신라와 당은 고구려 정벌에만 몰입할 수 있는 상황을 구
축하였다. 이와 동시에 당은 신라를 견제할 수 있는 웅진도독부를 백제 옛
땅에 설치했다. 이로 인해 신라는 당의 괴뢰정권인 웅진도독부의 제거라는
현안에 봉착하였다. 신라는 676년 전면적인 당군 축출에 앞서 웅진도독부
를 무력으로 접수했다.

백강 전투를 혹간 '동아시아 대전'으로 명명한 것은, 당唐 제국帝國을 중
심으로 주변 동아시아 세계가 연동된 진앙지였기 때문이다.

백강 해전과 백제군·왜군의 참담한 패배

주지하듯이 동아시아 역사상 국제전의 성격을 지닌 백강 전투에 대해서
는 숱한 연구가 축적되었다. 이와 관련한 기록은 국제전에 걸맞게 한국과
중국 그리고 일본 문헌에서도 교차 확인된다. 특히 백강 전투 현장에 대해
서는 『일본서기』 기사가 가장 상세하다.

그런데 백강 전투에 대한 탐색은 사료 검증이 선행되어야 한다. 한국과
중국 그리고 일본 역사서를 서로 비교해 검토하는 게 좋겠다. 그러면 다음

기사를 본다.

a. 복신 등은 유인원을 에워싼 것을 풀고 물러나 임존성을 지켰다. 얼마 안 있
　어 복신이 도침을 살해하고 그 무리를 아울렀다. 배반하고 달아난 이들을
　불러 돌아오게 하니 세력이 몹시 컸다. 유인궤는 유인원과 합친 뒤 갑옷을
　풀고 병사들을 쉬게 한 후 병력 증원을 요청했다. 조서를 내려 우위위장군
　손인사를 보내 군대 40만을 이끌고 덕물도에 이르렀다가 웅진부성熊津府
　城에 나가게 했다. 왕이 김유신 등 28인[혹은 30인] 장군을 거느리고 이들과
　함께 두릉豆陵[혹은 良]윤성尹城·주류성周留城 등 여러 성을 공격해서 이들
　을 모두 함락시켰다. 부여풍은 몸을 빼서 달아났고, 왕자 충승忠勝·충지忠
　志 등은 그 무리를 이끌고 항복했다. 홀로 지수신遲受信만은 임존성에서 항
　복하지 않았다(『삼국사기』 권6, 문무왕 3년).

b. 용삭 3년(663)에 총관 손인사가 군사를 거느리고 와서 부성府城을 구원했
　으므로, 신라에서도 병마를 내어서 같이 정벌의 길에 올라 주류성 밑에 이
　르렀습니다. 이때 왜국의 수군이 와서 백제를 돕게 되었는데, 왜선 1천 척
　은 백사白沙에 머물러 있고, 백제의 정기精騎들은 강가에서 배를 지키고 있
　었습니다. 신라의 날랜 기병들은 중국 군사의 선봉이 되어 먼저 강가의 적
　진을 부수니, 주류성은 겁을 집어먹고 드디어 곧 항복했습니다. 남방이 이
　미 평정되자 군사를 돌려서 북쪽을 치려 했는데, 임존성 하나만은 단단히
　지켜 항복하지 않으므로 두 나라 군사가 힘을 합쳐서 함께 임존성을 쳤습
　니다. 그러나 굳게 지켜 항거했기 때문에 함락시키지 못해 신라가 곧 군사
　를 돌이켜서 돌아오려고 하니 두대부杜大夫(杜爽)가 '칙명에 의하면 이미
　평정한 이후에는 함께 서로 맹세하라 했으니 임존 한 성만이 비록 항복하
　지 않았지만, 곧 백제와 함께 서로 맹세하는 것이 옳다'고 말했습니다. 신

라에서는 칙명에 의하면 이미 평정한 이후에 함께 서로 맹세하라 했는데,
임존성이 아직 항복하지 않았으니 이미 평정되었다고 할 수 없으며, 또 백
제는 간사함이 한이 없고 반복이 무상하니, 지금 비록 서로 모여 맹세한다
하더라도 후일에 후회하여도 미칠 수 없는 걱정이 있을까 두려워서, 이리
하여 맹세를 정지하도록 아뢰어 청했습니다(『삼국사기』 권7, 문무왕 11년).

c. 유인궤는 말했다. "병법에 방비가 있는 곳은 피하고 방비가 없는 곳을 친다
고 했는데, 가림성은 험하고 견고하니 이를 치면 군사들이 상할 것이고, 지
키자면 시일을 허비하게 될 것이요, 주류성은 백제의 소굴로서 군사들이
떼지어 모여 있으니, 만약 쳐서 이긴다면 여러 성들은 저절로 항복하게 될
것이다." 이에 손인사·유인원과 신라 왕 김법민은 육군을 거느리고 전진하
고, 유인궤와 별장 두상과 부여융은 수군 및 군량 실은 배를 거느리고 웅진
강으로부터 백강으로 가서 육군과 만나 함께 주류성으로 가려고 했다. (가
는 도중에 구원 온) 왜인들을 백강구에서 만나 네 번 싸워서 모두 이기고 그
배 4백 척을 불사르니, 연기와 불꽃이 하늘을 찌르고 바닷물이 붉게 되었
다. 백제 왕 부여풍은 몸을 빼치어 달아났는데 그가 있는 곳은 알 수가 없
었다. 어떤 이는 그가 고구려로 달아났다고 한다. 그의 보검만 빼앗아 얻었
다. 왕자 부여충승·충지 등은 그 무리를 거느리고 왜인들과 함께 모두 항복
했으나 홀로 지수신만은 임존성에 웅거하고 항복하지 않았다(『삼국사기』 권
28, 의자왕 20년).

d. 또 사신을 고려와 왜국에 보내 청병請兵해 관군을 막으려고 했다. 손인사가
중간에서 맞아 이들을 격파했다. 드디어 유인원의 무리와 서로 합치니 병
세가 크게 떨쳤다. 이에 손인사와 유인원 및 신라 왕 김법민이 육군을 거느
리고 전진했다. 유인궤와 별수 두상과 부여융은 수군과 군량 실은 선박을

이끌고 웅진강에서부터 백강에 가서 육군과 만나 함께 주류성으로 가려고 했다. 유인궤가 백강구에서 부여풍의 무리를 만나 네 번 싸워 모두 이겼다. 그 배 4백 척을 불지르자 적의 무리들이 크게 무너졌다. 부여풍은 몸을 빼 달아났고, 위왕자僞王子 부여충승·충지 등이 사녀士女 및 왜의 무리를 이끌 고 함께 항복했다. 백제의 모든 성들이 모두 다시 귀순했다. 손인사와 유인 원 등은 군대를 거두어 돌아왔다(『구당서』 권199상, 동이전 백제).

e. 가을 8월, 임오가 초하루인 달의 갑오(13일)에 신라는 백제 왕이 자기의 양 장良將을 목 베었기에 곧바로 백제에 들어가 먼저 주유州柔를 빼앗으려고 도모하였다. 이에 백제는 적의 계략을 알고서 여러 장수에게 말하기를 "지 금 듣자하니 대일본국의 구원 장수인 이호하라노 기미오미廬原君臣가 용사 1만 여 명을 거느리고 바다를 건너오고 있다. 바라건대 여러 장수들은 미리 도모함이 있기를 바란다. 나는 스스로 백촌에 가서 기다리고 있다가 접대 하고자 한다"라고 말하였다. 무술(17일), 적장賊將이 주유에 와서 그 왕성을 에워쌌다. 대당의 군장君將이 전선 170척을 이끌고 백촌강에 진을 쳤다. 무 신(27일), 일본의 수군 중 처음에 온 자와 대당의 수군이 합전하였다. 일본 이 불리해서 물러났다. 대당은 진을 굳게 하여 지켰다. 기유(28일), 일본의 여러 장수들과 백제 왕이 기상을 보지 않고 서로 말하기를 '우리가 먼저 공 격하면 저들은 스스로 물러갈 것이다'라고 하였다. 다시 일본이, 대오가 난 잡한 중군의 병졸을 이끌고 진을 굳건히 한 대당의 군사를 쳤다. 대당은 즉 시 좌우에서 선박을 내어 협격하였다. 눈깜짝할 사이에 관군이 잇따라 패 배하였는데, 물속에 떨어져 익사한 자가 많았다. 뱃머리와 고물을 돌릴 수 가 없었다. 에치노 다쿠쓰는 하늘을 우러러 맹세하고 이를 갈고는 수십 인 을 죽이고는 마침내 전사하였다. … (『일본서기』 권27, 천지 2년 8월)

위의 기사를 통해 풍왕을 수반으로 한 백제군 지휘부는 위기를 타개하기 위해 고구려와 왜에 각각 청병했음을 알 수 있다(d). 이 기사를 흔히 백제와 왜의 연화連和로 운위하고 있지만, 구체적인 기록을 찾아야 한다. 이와 관련해 663년 5월 1일에 "이누가미노 기미犬上君[이름 누락]가 달려가 고구려에 병사兵事를 알리고 돌아왔다"는 사실이 포착되었다. 그러면 '손인사가 중간에서 맞아 이들을 격파했다'고 한 대상은 누구였을까? 손인사는 662년 유인원의 증병 요청에 따라 7천 명을 거느리고 건너온 인물이다. 전후 상황을 놓고 볼 때, 손인사는 증원병을 이끌고 백제로 오는 도중이거나 백제에 상륙해 유인원의 당군과 합류하기 전에 격돌한 것으로 보인다. 663년 3월, 왜는 2만 7천 명을 보내 신라를 공격했다고 한다. 그러면 손인사가 '이들을 격파했다'고 할 수 있는 대상은 고구려 보다는 왜일 가능성이 높다. 그렇다고 한다면 손인사의 7천 병력과 왜군 2만 7천 명이 격돌했을 수 있다. 이때 왜군은 패한 사실을 감추기 위해 승부를 말하지 않고 '신라를 공격했다'고만 기술한 것 같다.

정리해 보면 663년 3월 왜군 2만 7천 명이 서해를 통해 연해로 거슬러 올라가다가, 역시 한반도로 이동 중인 당군과 조우한 것 같다. 그러나 전과 표시 없이 '손인사가 중간에서 맞아 이들을 격파했다'고만 한 것을 볼 때 큰 격돌은 없었다고 본다. 양자는 전쟁 준비 없이 우연히 맞닥뜨렸을 뿐 아니라 모두 수송선이었기 때문이다. 양자의 소임은 7천 명과 2만 7천 명의 병력을 안전하게 각각 상륙시키는 일이었다.

중요한 사실은 당군이나 왜군 모두 증원 병력이 백제에 도착했다는 것이다. 이후 양자 간에 산발적인 전투가 벌어지고 있었다. 663년 6월 사비기·노강 전투를 제시할 수 있다. 이때 당군 수뇌부는 공격의 방향을 백제 왕성인 주류성으로 잡았다. 그 직후 손인사·유인원과 신라 문무왕은 육군을 이끌고 주류성을 목적지로 진군했다. 이와 동시에 유인궤와 두상 그리고 부여융이 수군과 더불어 군량 실은 선박을 이끌고 웅진강을 나와 백강으로 가서 육군과 합류해 주류성으로 가려고 하였다(d). 당 수군은 백강구 즉 백강 어구에서 육상의 당·신라 연합군을 만날 계획이었다. 이로 볼 때 웅진도독부에서 출발한 당 수군이 빠져나온 웅진강은 금강이 분명하다. 반면 새로 진입한 백강은 다른 지형구의 강으로 보아야 한다.

앞서 소개한 바에 따르면 "신라는 백제 왕이 자기의 양장을 목 베었기에 곧바로 백제에 들어가 먼저 주유를 빼앗으려고 도모하였다(e)"고 했다. 내분을 틈타 기습적으로 백제 왕성인 주유 즉 주류성을 공격하려고 한 것이다. 이때 왜군은 이호하라노 기미오미가 이끄는 1만 병력이 왜에서 출동했다. 이들을 영접하기 위해 풍왕은 미리 백촌에 가서 기다렸다. 8월 17일 신라군은 풍왕이 없는 주류성을 포위했다. 이와 동시에 당은 전선 170척을 이끌고 백촌강에 진을 쳤다고 한다. 그런데 '무술(17일), 적장이 주유에 와서 그 왕성을 에워쌌다. 대당의 장군이 전선 170척을 이끌고 백촌강에 진을 쳤다'의 주체를 손인사로 지목하기도 하지만 당치 않다. 손인사는 그 전에 이미 유인원과 합류해 육로 진군을 하였기 때문이다.

당 수군은 금강을 빠져나와 서해 연안에서 다음 노정인 백강으로 진입하려던 중 미리 와 있는 백제군 선박과 마주쳤다. 풍왕은 왜군 선단을 맞이하러 백강구에서 기다리고 있었던 것이다. 풍왕이 주류성을 나와 백강구로 향한 틈을 타고 신라와 당의 육군 일부는 주류성을 포위했다.

백강구 언덕에는 백제 정기精騎가 왜 선박의 접안이 용이하도록 엄호하며 지켰다. 그러자 당군과 함께 육로로 왔던 신라 효기驍騎들이 선봉이 되어 백제 정기를 무찔렀다. 이로 인해 고립된 주류성은 쉽게 함락된 것이다. 물론 백강 전투에서 신라군의 역할을 과시하는 대목에 들어 있지만, 주류성의 백제군은, 증원 왜병과의 연결이 차단되었기에 고립무원 상황이었다.

정리하면 당의 선단 170척은, 백강구에 진 치고 있는 풍왕의 백제 선박과 더불어, 백강구로 진입하려는 왜 선단의 선발대와 접전했다. 당 수군은 백강구의 백제 선박과 백강구로 진입하려는 왜 선단 사이에 낀 것이다. 어떻게 보면 당군은 포위된 형국이었다. 당군 선박 170척과 왜군 선박 400척 간의 전투였다. 여기서 '왜선 1천 척(b)'은 신라측의 과장으로 단정하지만 근거 없는 숫자는 아니었다. 관련해 다음의 「예군 묘지」를 살펴본다.

f. 이때 일본의 남은 무리들이 부상에 웅거하여 죽음을 피해 달아났다. 풍곡의 남은 백성들이 반도를 짊어지고 굳세게 막았다. 1만 기가 벌판에 뻗어 갑옷 두른 말과 함께 빠르게 먼지를 일으켰고, 1천 척이나 되는 배가 물결을 가로질러 들뱀을 도우려고 늘어져서 가득했다. 于時日本餘噍 據扶桑以逋誅 風谷遺甿 負盤桃而阻固 萬騎亘野 與盖馬以驚塵 千艘橫波 援原蛇而縱泚 …

위에 보이는 '일본'과 '풍곡' 및 '들뱀'은 백제를 가리킨다. '일본'이 백제를 가리키는 근거는 뒷장에서 밝혀놓았다. 먼저 백제 개로왕이 고구려를, 신라 김춘추가 백제를 가리킬 때 각각 '큰뱀長蛇'에 빗댄 바 있었다. 그리고 '부상'은 왜를 가리킨다. '반도'는 신선들이 먹는 복숭아가 나오는 창해滄海의 끝이므로, 문맥상 왜를 뜻한다.

위에서 적시한 「예군 묘지」의 관련 구절은 백강 전투 때를 가리키는 게 분명하다. 이때 등장한 "1천 척이나 되는 배가 물결을 가로질러 들뱀을 도우려고 늘어져서 가득했다"에 보이는 '1천 척'은, 왜군 선단의 숫자를 가리킨다. 신라측에서 언급한 '왜선 1천 척(b)'과 부합한다. 따라서 이 숫치를 신라의 과장된 기록으로 단정하기만은 어렵다.

이때 당唐 두상의 증원 병력을 '40만(a)'이라고 했지만 '7천'이 맞을 것이다. 이들은 8월 27일 왜 수군의 선발 부대와 격돌했다. 왜군은 사세가 불리하자 일단 물러섰다. 그런데 28일에 풍왕과 왜장들이 기상氣象을 보지 않고 무모하게 돌격한 바람에 4차례의 합전 끝에 참패했다. 기상은, 대기 중에서 일어나는 비·구름·바람 등의 모든 자연현상을 가리킨다. 해수海水의 이변을 비롯해 안개·태풍이나 폭우와 같은 기상 이변 상황에 무모하게 대처한 것이다. 급하게 접안을 시도하다가 패착에 빠진 것일 수 있다. 여러 가능성을 열어 놓아야 한다.

왜군의 패전 요인인 '기상을 보지 않고'와 관련해 "계화도界火島: 현의 서쪽 30리에 있는데, 조수가 물러나면 육지와 연결된다(『신증동국여지승람』권 34, 전라도 부안현, 산천)"는 지형상의 특징도 상기해 볼만하다. 패인으로 조수 간만 문제도 고려하지 않을 수 없다.

백강구 전투의 승패 요인

백강구 전투가 지닌 의미를 애써 외면하는 경향도 보인다. 일본에서는 의미 부여를 크게 했지만 우리나라 역사에서는 일과성 정도로 간주하는 경향도 있다. 그러나 차후 900년에 걸친 정부 차원 왜의 침공을 근절한 최후의 일전이었음은 분명하다. 그러므로 우리 역사에서 백강 전투가 의미 없다고 할 수는 없다. 그러면 해전인 백강구 전투와 관련해 해전이 지닌 의미를 살펴본다.

기원전 480년 살라미스에서 페르시아와 그리스 연합군 간에 벌어진 해전에서 그리스는 숫적 열세에도 불구하고 페르시아 해군을 격파해 페르시아와의 전쟁에서 중대한 전환점을 만들었다. 이러한 살라미스 해전은 말할 것도 없고, 오랜 기간에 걸친 전쟁도 한번의 해전海戰으로 결판나는 경우가 적지 않았다. 유럽을 진동시켰던 나폴레옹 전쟁도 트라팔가 해전에서 프랑스의 패전으로 영국 침공은 좌절되었다. 육군대국 제정러시아도 1905년 발트 함대가 쓰시마 해전에서 참패함에 따라 러일전쟁의 종결로 가닥이 잡혔다. 신라는 기벌포 해전을 통해 당을 한반도에서 축출할 수 있었다. 임진왜란도 조선 수군의 승리가 7년전쟁을 마무리한 요인으로 보인다. 이처럼 해전은 역사적으로 비중이 지대했다. 백강 전투도 백강 어구와 바다에서 벌어졌다. 또 이와 연계된 백제군 거점이 주류성이었다. 백강 전투도 명백한 해전이었던 것이다.

백강 전투에서 백제와 왜 연합군은 참담하게 패배했다. 일본측 기록에서는 패전의 책임을 기상을 보지 않고 무모하게 돌진했던 풍왕에게 돌렸다. 반면 에치노 다쿠쓰의 장렬한 전사로써 왜군의 용전을 부각하였다. 달아난 풍왕과 대비해 에치노 다쿠쓰를 영웅시하고 미화했다는 평가를 받고 있다. 그러면 왜군 선단이 참패한 요인은 무엇이었을까? 이에 대해서는 숱한 추측들이 제기되었다.

변인석(1935~2019)은 당군이 보유한 거북선처럼 동물 모양을 본뜬 해골선海鶻船에서 찾았다. 해골선은 선체가 높고 큰 데다가 적선을 박격搏擊하는 박간拍竿을 선상에 장착하여 화공火攻이 가능하다. 박간은 그 꼭대기에 큰 돌을 얹어 놓고 적선이 접근하면 이를 쏘아 침몰시키는 무기라고 한다. 게다가 해골선에는 아래를 향해 쏘아붙일 수 있는 개인 화기인 불화살火箭을 쏘아 최대의 성능을 발휘한 때문으로 분석했다. 이러한 당군이 지닌 전함 탑재 무기의 우위 뿐 아니라 충파전법衝破戰法으로 인해 왜선은 일거에 파괴되어 전투력을 상실한 채 다량의 익사자가 속출했다는 것이다. 이때 왜 선단은 가지런히 노축艫軸으로 맞대어진 상태에 있었기 때문에 바람을 타고 왜 선단을 향한 불길에 속수무책이었다고 한다. 마치 곁에서 지켜 본 것처럼 입체적으로 상상하였다.

그 밖에 당 수군의 승리 요인으로, 미리 대기하고 있었기에 충분한 휴식을 취할 수 있었던 점에서 찾았다. 이에 반해 왜군은 긴 항해로 인해 지쳐 있었다는 것이다. 이러한 주장은 승자인 당군이 이길 수밖에 없는 요인을 찾다 보니까 부회시킨 이유에 불과하다. 그러나 근본적인 요인은 당 수군은 '전선戰船'이었던 데 반해 왜군은 백제 지원 병력 수송을 위한 수송선이었다. 해전에 맞게 설계된 전선과 육지에 상륙시키기 위한 수송 선박이 격돌했을 때 승부는 자명했다. 지금까지의 연구에서는 이 점을 간과한 것 같다.

그러면 백강 전투 기록을 재검토해 보면 "이에 손인사와 유인원 및 신라왕 김법민이 육군을 거느리고 전진했다. 유인궤와 별수 두상과 부여융은 수군과 군량 실은 선박을 이끌고 웅진강에서부터 백강에 가서 육군과 만나 함께 주류성으로 가려고 했다. 유인궤가 백강구에서 부여풍의 무리를 만나 네 번 싸워 모두 이겼다(『구당서』 권199상, 동이전 백제)"고 했다. 백강 전투 직전의 상황을 보여주는 이 기사에 따르면, 웅진도독부에서 출발한 유인궤를 비롯한 당군과 부여융이 백강으로 향한 목적이다. 이들은 백강 어구에서 육군과 합류해 주류성을 공격하려고 했다. 그리고 동원된 병력은 '수군과 군량 실은 선박 水軍及糧船'이었다. 여기서 '군량 실은 선박'은 백강 어구에서 합류하게 될 육군에게 조달할 군량 수송이 목적이었다. 수송선이 주조를 이룬 것이다. 그리고 수군은 군량선을 운용하는 병력을 가리킨다. 이러한 선단의 운항 목적은 전투가 아니라 수송이었다. 전혀 전투에 대한 준비없이 항진하다가 왜 선단과 갑자기 맞닥뜨린 것이다.

이 사안을 다시금 밀착 검토해 본다. 중국 사서에서는 '수군과 군량 실은 선박'이라고 했다. 그런데 반해 『일본서기』에서는 당군의 선박을 '전선戰船'이라고 하였다. 이렇듯 두 기록이 상이한데, 『일본서기』의 '전선'은 '수군'의 선박을 가리킨다고 보아야 한다. '전선'은 군량을 호위하는 무장 선박으로 보면될 것 같다. 당의 '수군'도 이와 동일한 해석이 가능하다. 그렇다면 당의 군량 호위 전함과 왜의 수송선 간의 격돌이었다. 혹자는 "연기와 불꽃이 하늘을 찌르고 바닷물이 붉게 되었다"는 기사를 주목해 당 수군이 화공전으로 승리한 것으로 파악했다. 그러나 이때 당 전함은 양곡이 적재된 군량선을 호위하는 상황이었으므로, 화공전에는 절대 불리하였다. 수송선 안의 왜군들이 선제 화공전을 펼쳤다가 바람이 거꾸로 부는 통에 무너진 것으로 보인다. 왜군의 패인인 '기상을 보지 않고'는 이 상황을 가리키는 것 같다.

유인궤는 주력인 육군을 지원하려고 군량 등을 만재한 병참선을 이끌고 가다가 백강 어구에서 풍왕 및 왜군 선단과 조우한 것이다. 왜군은 백제를 지원하기 위한 1만 명의 증원 병력을 싣고 왕성인 주류성과 연결된 백강으로 향했다. 양자는 어떤 대비없이 목적지를 향해 가다가 부딪친 것이다. 우연한 충돌이 동아시아 대전인 백강구 해전의 서곡이었다. 당군과 왜군은 동일한 조건에서 충돌한 것이다. 이 싸움의 승패는 사서에 적혀 있듯이 풍왕이 기상을 읽는 데 실패한 무모한 돌격이 갈라놓았을 수 있다. 그 밖에 풍왕과 왜장 간의 지휘체계가 일원화되지 않은 혼란이 대패 요인으로 보인다. 그러나 근본적인 당군의 승리 요인은 전함 대 수송선의 대결이었고, 양곡을 타깃으로 한 왜군의 선제 화공전이 역풍을 맞았기 때문이었다.

그런데 백강 전투와 관련해 짚고 넘어갈 사안이 있다. 흔히들 이 전투에 동원된 왜군 숫자를 2만 7천 명으로 운위한다. 그러나 이는 맞지 않다. 앞의 인용에서 확인되듯이 지원군은 1만 명이었다. 왜군 2만 7천 명은 같은 해 3월에 이미 출병하였다. 이들 가운데 전군前軍은 6월에 신라군과 교전하였다. 8월에 왜의 중군과 후군이 백강으로 진입한 것으로 추측할 수 있다. 그러나 8월에 백강구에 이른 왜군 장수는 3월에 출병한 왜군 장수들과는 동일하지 않았다. 따라서 양자는 서로 다른 병력으로 보아야 한다. 그렇다고 할 때 663년 한해에 백제로 출병한 왜병의 총 숫자는 3만 7천 명이다. 그에 앞서 풍왕을 따라 왜병 5천 명이 입국했었다. 이 병력까지 합치면 백제에 투입된 왜병만 4만 2천 명이다.

백강 전투에서 패전해 주류성이 함락된 직후 나머지 백제인들은 왜군이 주둔한 저례성으로 이동했다. 백제인들은 저례성에서 왜군 뿐 아니라 좌평 여자신餘自信 등을 만나 함께 왜로 떠났다. 이로 볼 때 백강 패전 후 백제인들은 3월에 출병한 왜군 일부를 저례성에서 만난 것이다. 왜군은 663년에 2회에 걸쳐 총 3만 7천여 명을 출병시켰다. 그 규모와 비중은 종전의 관념을 뛰어넘은 것이다.

백강 전투에서 백제 왕자인 부여충승과 부여충지 등은 사녀士女와 왜병들을 이끌고 항복했다. 부여충승은 풍왕의 숙부 혹은 아우로 각각 달리 적혀 있지만 친족이 분명하다. 더욱이 충승은 650년 왜 조정의 의례 뿐 아니라 661년 귀국할 때 풍왕과 모두 함께 했으니 최측근이 분명하다. 풍왕이 왜군을 맞으러 나가자 충승은 주류성을 비롯한 후방을 맡았던 것 같다. 그리고 이때 탐라국 사신도 생포되었다(『구당서』 권84, 유인궤전). 백제가 종속국 탐라의 지원을 얻기 위해 불러들였던 것 같다. 이때 왜군 측은 무수한 포로를 쏟아냈다. 당군의 포로가 되었던 왜군 가운데 두 사람은 22년만에 신라를 거쳐 송환되었다. 역시 같은 포로가 되어 관호官戶로 있다가 무려 44년만에 귀환한 이도 있었다.

행방이 묘연했던 풍왕

풍왕은 보검 한 자루를 떨군 채 황망히 몸을 빼 달아났다. 보검을 빼앗겼다는 것은 풍왕이 하마터면 생포될 뻔했음을 뜻한다. 당군은 풍왕의 보검을 들어 올렸다. 풍왕의 생포 내지는 사망을 알리는 승전 행위였다. 풍왕의 보검은 백제군과 왜군의 사기를 결정적으로 떨어뜨렸다. 보검을 빼앗긴 풍왕의 종적은 한동안 묘연했다. 고구려로 달아났다고 한다. 『구당서』 동이전에서는 "부여풍은 몸을 빼서 달아났다. 扶餘豊脫身而走"고 하였다. 『신당서』에서는 "풍은 달아나서 있는 곳을 몰랐다. 豊走 不知所在(동이전)"고 했다. 『신당서』에서는 풍왕의 행선지를 전혀 몰랐던 것처럼 적었다. 풍왕은 행방불명자가 된 것이다.

그러나 『자치통감』에서 "백제 왕 풍은 몸을 빼서 고구려로 달아났다. 百濟王豊脫身奔高句麗"고 하였다. 『일본서기』에서도 "이때 백제 왕 풍장이 몇 사람과 함께 배를 타고 고구려로 도망갔다. 是時 百濟王豊璋 與數人乘船 逃去高麗"고 했다. 『자치통감』에 따르면 고구려가 멸망할 때 풍왕은 생포되어 유배 간 사실이 적혀 있다. 따라서 풍왕이 고구려로 피신한 것은 너무나 명확하였다. 그럼에도 『구당서』, 특히 『신당서』에서는 풍왕을 행불자처리한 것이다. 풍왕을 생포하지 못한 사실을 감추려는 저의가 깔린 것이다. 그리고 『구당서』(유인궤전)에서는 '풍왕의 보검을 빼앗았다. 獲其寶劍'는 기사가 적혀 있다. 풍왕이 몸을 뺏지만 보검은 나꿔챘다는 것이다. 간발의 차이로 풍왕이 생포될 뻔한 아슬아슬한 정황을 말하고 있다. 당군의 압승을 과시하려는 의도였다.

풍왕은 정신 없이 북으로 북으로 항진해 고구려 해역에 들어갔다. 평양성에서 연개소문을 만나게 되었다. 우람한 체격의 연개소문은 양팔을 번쩍 들어 풍왕을 맞이했을 것이다. 그러면서 수 양제는 물론이고 당 태종의 군대까지 꺾은 강대한 고구려 국력을 과시하면서 안심시켰다고 본다. 5년에 걸친 풍왕의 고구려 망명 생활의 시작이었다.

그러면 풍왕은 왜 고구려로 망명했을까? 백제 왕의 상징인 보검을 탈취당했을 정도라면 심히 위급한 상황이었음을 뜻한다. 하마터면 생포됐을 뻔했다는 것이다. 집중 타깃이 된 그는 작은 선박으로 갈아 탄 후, 당 선단이 남쪽의 퇴로를 차단한 상황이었기에 어쩔 수 없이 기수를 북으로 돌려 정신 없이 올라갔던 것 같다. 원안대로라면 그는 왜군 본영으로 향하여 행보를 함께 했어야 한다. 왜로 망명하는 길에 올랐을 게 자명하였다. 이와 관련해 "지수신이 부여풍과 함께 고구려로 망명한 점으로 미루어 부여풍과 밀접한 관계였다고 이해된다"는 해석은 결과론적인 평가에 불과하다. 예산 임존성 지수신의 경우는 큰 바다를 건너는 등의 험난한 왜로의 망명 행로보다는 상대적으로 수월한 게 고구려로의 탈출이었다. 그리고 둘은 '함께 고구려로 망명한' 것은 아니었다. 시차도 다르므로 지나치게 단순화시킨 확대 해석일 뿐이다.

풍왕은 이때 처자를 버리고 단신으로 북상했던 것 같다. 풍왕의 딸인 '부여씨 부인' 묘지에 따르면, 일족들은 고구려로 들어갔다기 보다는 주류성 함락 때 왕족 충승 등과 함께 항복했고, 그 일부는 당군에 이첩되었으리라는 견해가 설득력 있다. '부여씨 부인', 즉 풍왕의 딸은 당시 16세의 꽃다운 연령이었다. 백제인들이 왜로 망명할 때 처자들이 거주했던 곳이 후방 침목기성이었던 것 같다. 그러나 풍왕의 딸은 후방의 안전 지대인 침목기성이 아닌 주류성에 잔류했기에 당군의 포로가 되었던 것으로 보인다.

『구당서』 유인궤전에서 고구려로 들어 간 풍왕이 왜로 망명한 아우 부여용扶餘勇과 내응했다고 적었다. 즉 "부여용은 부여융의 아우이다. 이때 달아나 왜국에 있으면서 부여풍을 따라 움직였다. 扶餘勇者 扶餘隆之弟也 是時走在倭國 以爲扶餘豐之應"고 했다. 고구려의 풍왕과 왜의 부여용이 내응한 것이다. 두 사람은 부산히 사람을 보내 고구려와 왜의 동정을 알리면서 백제 회복을 강구했던 것 같다. 고구려 땅에 백제 망명 정권이 꾸려진 것이다.

백강 전투에서 백제와 왜 연합군은 패하였다. 백제의 전통적 우방인 왜의 힘을 빌어 무력으로써 국가를 회복하려는 운동은 실패하고 말았다. 신라의

백제 무녕왕의 보검.

입장에서는 백제와 연계해 한반도에 등장한 왜 세력을 신라사에서 영구 퇴출시킨 전투였다. 왜 정부 주도의 국가적 침공은 이로부터 900여년 이후에나 가능했다. 그리고 백강 전투의 패배로 모든 일이 종결된 것은 아니었다. 다음의 기사를 본다.

9월 신해가 초하루인 정사(7일), 백제의 주유성이 비로소 당에 함락되었다. 이 때 나라 사람이 서로 '주유가 항복하였다. 일을 어떻게 할 수 없다. 백제의 이름은 오늘로 끊어졌다. 조상의 분묘가 있는 곳을 어찌 다시 갈 수가 있겠는가. 다만 저례성弖禮城에 가서 일본의 장군들을 만나 사건의 기밀한 바를 의논하자'라고 말하였다. 드디어 본래 침복기성枕服岐城에 있는 처자들을 가르쳐 나라를 떠날 생각을 알리게 하였다. 신유(11일)에는, 모저牟弖를 출발, 계해(13일)에는 저례에 이르렀다. 갑술(24일)에 일본의 수군 및 좌평 여자신·달솔 목소귀자木素貴子·곡나진수谷那晋首·억례복류憶禮福留는 국민들과 함께 저례성에 이르렀다. 이튿날 배가 떠나서 처음으로 일본으로 향하였다(『일본서기』 권27, 천지 2년 9월).

백강 패전은 주류성의 함락과 대규모 디아스포라 발생 요인이었다. 백제인들을 싣고 왜군 선단은 일본열도로 항진했다. 이러한 상황을 일러 「예군묘지」에서 "이때 일본日本의 남은 무리들이 부상扶桑에 웅거하여 죽음을 피해 달아났다. 逋誅"고 했다. 여기서 '일본'은 백제이고, '부상'은 왜를 가리킨다. '일본'은 문자 그대로 해가 뜨는 곳, 즉 동쪽 방향을 뜻한다. 중국대륙에 있는 제국을 의식한 호칭이었다. 이러한 '일본'은 동쪽 방향을 가리키는 말이어서 옮겨 다녔다. 이때는 백제를 가리키는 호칭에서 주민의 이동과 더불어 일본열도에 대한 호칭으로 옮겨 간 것 같다. 일본 도호쿠대학東北大學 교수였던 이노우에 히데오井上秀雄(1924~2008) 역시 '일본' 국호는 백제인이 붙였다고 했다.

그리고 「예군 묘지」를 보면 백강 전투의 결과로서, "참제가 하루 아침에 신하를 칭하였고, 이에 대수령 수십인을 거느리고 들어와 조알했다. 僭帝一旦稱臣 仍領大首望數十人 將入朝謁"고 하였다. 여기서 '領大首望數十人 將入朝謁'의 '領大首'는, '大首領'의 도치로 보인다. 「대당평백제국비명」에 "아울러 대수령인 대좌평 사타천복과 국변성 이하 700여 인이 이미 궁궐에 들어가 있다가 모두 사로잡히니 并大首領·大佐平·沙吒千福·國辯成以下七百餘人 旣入重闈 並就擒獲"라고 하여 '대수령'이 보였다. 그러므로 이 구절은 "이에 대수령 수십인을 거느리고 조알하고자 했다. 仍將大首領數十人 望入朝謁"로 배치해야 자연스럽다.

예군은 백제 멸망 직후 당으로부터 '우무위산천부·절충도위右武衛滻川府折衝都尉'를 제수받았다. 백강 전승 이후에는 '좌융위랑장 우령군위 중낭장 겸 검교웅진도독부사마 左戎衛郎將 右領軍衛中郎將兼檢校熊津都督府司馬' 벼슬을 제수받았다. 그러면 '참제가 하루 아침에 신하를 칭하였고'

「예군 묘지」 탑본.

의 주체는 누구일까? 의자왕을 운위하기도 하지만, 백강 전투 이후 시점에서 보이고 있을 뿐 아니라, 웅진도독부의 예군은 왜에 직접 들어간 적도 있었다. 사신단의 중심인 예군은 665년 7월에 출발해 9월에 도착한 바 있다. '참제 …' 운운은 이러한 예군의 대왜對倭 화친 공적 속에서 등장하고 있다. 그리고 "이에 대수령 수십인을 거느리고 조알하고자 했다"고 하였듯이, 결과가 나온 일은 아니었다. 예군의 활약으로 참제가 신하를 칭하고, 예하 귀족들을 거느리고 입조 알현하려고 했다는 의사 표출에 불과했다. 항복한 의자왕의 경우는 이미 결과가 나왔었다. 그러므로 '참제'는 왜倭 왕을 가리키는 것으로 보아야 맞다.

왜는 신라와 당의 본토 침공에 대한 두려움이 급증했다. 그랬기에 '칭신稱臣'을 하면서, 쓰시마와 후쿠오카福岡를 비롯해 세토내해에 산성과 봉화대를 각각 축조하였다. 왜는 초유의 비상 국면에 직면한 것이다. 일본 교과서에서는 "백촌강의 패배는 일본에 커다란 충격을 주었다. 당과 신라가 쳐들어올 것을 우려한 일본은 규슈에 도키모리防人를 두고 미즈키水城를 쌓아

후쿠오카 평야를 가로질러 축조한 미즈키 성벽.

사가현의 기이성.

거국적으로 방위에 힘썼다. 또 나카노 오에 황자는 수도를 아스카에서 오미 近江로 옮기고 즉위해서 텐지 천황이 되었다"고 기술했다. 668년 9월 왜의 중신 나카도미노 가마다리는 신라 김유신과 문무왕에게 각각 선박을 선물로 바쳤다. 신라의 침공을 막고자 하는 일종의 뇌물이었다. 다급한 왜 조정의 상황을 읽을 수 있다.

그릇 겉면 바닥에 붓으로 씌어진 '수성水城' 명문.

 백강 전투는 일본인들의 뇌리에 깊숙이 각인된 것 같다. 1593년 진주성 싸움에서 조선 성민城民들이 명군明軍 30만의 지원을 언급하자, 성밖의 왜군들은 "당장은 이미 다 물러났다. 唐將已盡退矣(『선조실록』 선조 26년 7월 16일戊辰)"고 응수했다. 물론 서애 유성룡도 명군을 '당장'이라고 했지만, 왜군은 명군을 과거 신라와 함께 한 당군에 견주었다. 뇌리에서 애써 지우고자 한 당군은 곧 명군으로 재현된 것이다. 명군이 돌아갔다는 자기 최면을 걸어 백강 전투 때의 당군 트라우마를 지우려는 반증으로 보였다.

백제인들 최후의 항전

백강 패전으로 백제는 지워지지 않았다. 백제인들의 항전은 지속적으로 이어졌다. 663년 10월 21일 신라군은 임존성을 공격했다. 여타 성들은 사기가 꺾여 항복했지만, 유독 임존 목책만 버티고 있었다. 임존성은 지세가 험하고 성이 견고했고 식량도 많았다. 게다가 공격하는 '군사들은 피곤하여 싸우기를 싫어했다'고 한다. 신라군은 임존성을 함락시키지 못하고 11월 4일에 군대를 돌렸다. 지수신遲受信의 용전을 알려준다.

664년 3월, "백제 남은 무리들이 사비산성에 웅거하여 반란을 일으켰다. 百濟殘衆據泗沘山城叛"고 했다. 사비산성은 부여 부소산성으로 추정되고 있다. 이 사실은 백제 왕도 한 복판에서 신라와 당에 대한 항전의 깃발이 올려진 것이다. 조금도 사그러들지 않은 백제인들의 항전이었다.

백제인들은 신라군과 당군 주력이 백강 전투와 남은 세력 진압에 몰입한 틈을 탔다. 백제인들은 상징성이 높은 백제 왕성을 탈환한 것이다. 백제인들의 국가 회복운동사에 남을 큰 위업이요 쾌거가 아닐 수 없었다.

그런데 임존성에서 구국의 봉화를 올렸던 흑치상지는 당 진영에 있던 동료 사타상여沙咤相如와 함께 임존성을 공격했다. 임존성을 제일 잘 아는 흑치상지에 의해 임존성은 함락되었다. 지수신은 처자를 버려둔 채 고구려로 망명했다. 그는 두고 두고 충절의 표상이었다.

순암 안정복은 사가史家의 첫 번째로 해야할 일은, 절의節義를 기리고 권면하는 일이라고 한 후, 마한의 주근周勤부터 4명을 꼽았는데, 백제의 웅산성장瓮山城將과 지수신 및 고구려의 검모잠을 충신으로 평가했다. 그리고 안정복은 "백제의 부여풍이 3년 간 왕을 칭한 것과 옹산성장이 죽기까지 하고, 지수신이 항복하지 않은 것은, 모두 여러 역사책에서는 이를 내쳤으나, 저는 이를 올린 것입니다. 百濟扶餘豊稱王三年 及甕山城將死之 遲受信不降 皆諸史之所斥 而僕所進之者也"고 자평했다.

그렇다고 임존성을 함락시킨 흑치상지는 기억에서 묻히거나 지탄의 대상이 되지는 않았다. 1456년(세조 2) 집현전 직제학 양성지梁誠之는 흑치상지를 신라 김유신·김인문 및 고구려 을지문덕과 함께 배향配享을 상소했다.

백제사의 쟁점인 백강과 주류성 위치 파악은 다음 사안이 관건이다.

당 수군은 '웅진강을 나와 백강으로 가서 육군과 합류해 주류성으로 가려고 하였다(『구당서』)'고 한다. 웅진강과 백강은 별개의 강이고, 백강 근처에 주류성이 소재한 것이다.

신라 문무왕은 주류성 함락 직후 '남방이 이미 평정되자'라고 했다. 금강인 웅진강 이남에 주류성이 소재했음을 뜻한다. 백강 전투에서 왜군을 격파한 직후 웅진도독부가 설치한 행정지명인 평왜현平倭縣은 지금의 전라북도 정읍 일원이다.

평왜현에 근접한 줄포만의 줄포는 본래 '줄래포'였다. '줄래'는 주류성 이름이 남아있는 증거가 아닐까? 자연지명을 잘 보전하고 있는 한글학회 『한국지명총람』(1981)에서는 부안의 위금암산성을 '주유성'으로 일컬었다.

8

:

백제 옛 땅의 융왕과
고구려에서의 풍왕

웅진도독부의 귀속 문제

당은 663년 4월 신라를 계림대도독부로 삼았고, 문무왕을 계림주대독으로 삼았다. 664년 2월 웅진에서 '당 칙사唐勅使' 유인원 주재 하에 부여융과 신라 김인문이 맹약을 했다. 의자왕의 아들과 태종 무열왕의 아들이자 문무왕의 동생이 만난 것이다. 665년 8월에는 "문무왕이 칙사 유인원·웅진도독 부여융과 함께 웅진 취리산에서 맹세했다. 王與勅使劉仁願·熊津都督扶餘隆 盟于熊津就利山"고 하였다. 2차례 모두 유인원은 당 고종의 대행인 '칙사'로 등장한다.

논자들은 부여융이 웅진도독이 된 시점을 놓고 설왕설래한다. 부여융은 663년 백강 전투 때 "이에 손인사와 유인원 및 신라 왕 김법민이 육군을 거느리고 전진했다. 유인궤와 별수 두상과 부여융은 수군과 군량 실은 선박을 이끌고 웅진강에서부터 백강에 가서 육군과 만나 함께 주류성으로 가려고 했다. 유인궤가 백강구에서 부여풍의 무리를 만나 네 번 싸워 모두 이겼다(『구당서』 권199상, 동이전 백제)"고 한 기사에서 보듯이, 당군과 함께 그리고 신라와 손 잡고 백제군과 싸우는 행렬의 중심에 서 있었다.

663년 9월 이후 백제 땅에서 유민의 수반은 이견없이 부여융이었다. 이때 부여융의 입장을 분명히 밝혀주는 사례가 있다. 664년 3월 "백제 남은 무리들이 사비산성에 자리잡고 반란을 일으키자, 웅진도독이 군대를 일으켜 이들을 공파했다"는 기록이다. 웅진도독부의 병력이 사비도성의 부소산성을 점령한 풍왕의 남은 무리들을 격파했다. 664년 7월에는 김인문이 이끈 신라군과 웅진도독부의 병력은, 고구려 돌사성을 공격해 함락시켰다. 웅진도독부에 속한 융은 풍왕 정권과는 명백히 대척점에 섰던 것이다.

신라 = 당 = 웅진도독부의 3 세력, 아니 신라 = 당(웅진도독부)의 2 세력이 연합해 고구려 공격에 나서고 있다. 이러한 웅진도독부의 정체성과 역사적

귀속 문제가 뒤따르게 된다. 백제 멸망 이후 당이 설치한 웅진도독부의 성격이다. 백제사 전문서에서도 부여융이 도독이었던 웅진도독부에 의한 백제고지故地 통치 사실을 수록은 하면서도 백제사 체계에서는 삭제하는 경향이 대부분이었다. 통상 663년 9월까지를 백제사에 수록하고 마무리하였다. 순암 안정복은 "처음 당이 백제를 평정하여 그 후손을 다시 왕으로 세우고, 신라와 더불어 연화連和해 웅진도독부를 설치하고, 이를 주관했다. 그때에 백제의 남은 무리들이 당병唐兵에 많이 붙어 옛 땅을 회복하려 했다"고 간파하였다. 안정복은 백제 유민들이 당의 힘을 빌어 나라를 회복하려는 수단으로 웅진도독부를 파악했다. 웅진도독부의 주체를 백제 유민으로 지목한 것이다. 당은 백제 유민에 대한 무마 뿐 아니라, 신라의 백제고지에 대한 지배를 차단해, 백제와 신라 나아가 고구려까지 포괄해 지배권에 두려고 했다. 그리고 "… 665년에는 의자왕의 아들 부여륭을 웅진도독으로 삼아 백제 인민들을 무마해 보려고 하였다(손영종 외, 『조선통사 상(개정판)』 사회과학출판사, 2009, 176쪽)"고 한 인식은, 당이 백제 유민들과의 타협점을 찾았다는 의미가 된다. 문제는 그 주체였다.

한국의 고등학교 한국사 교과서에는 웅진도독부 자체가 언급되어 있지 않다. 소위 '부흥운동' 이후의 역사는 수록하지 않은 것이다. 반면 중국에서 1982년에 간행된 탄치샹譚其驤(1911~1992) 주편主編, 『중국역사지도집』 제5책(地圖出版社)에는 웅진도독부 시기의 백제 땅을 당의 영토로 표시하였다. 중국인들은 이 무렵 한반도 서남부 지역을 자국 영토로 간주한 것이다.

그러나 『구당서』를 보면 665년 8월 당의 장수 유인궤가 귀국하면서 데리고 온 외국 사신들의 국적으로 "신라·백제·탐라·왜국"이 등장한다. 즉 "이에 대방주 자사 유인궤가 신라·백제·탐라·왜인 4국 사신을 거느리고 바다를 이용해 서쪽으로 돌아와 태산 밑에 이르렀다. 于是帶方州刺史劉仁軌領 新羅·百濟·耽羅·倭人四國使 浮海西還 以赴大山之下(『당회요』)"고 했다.

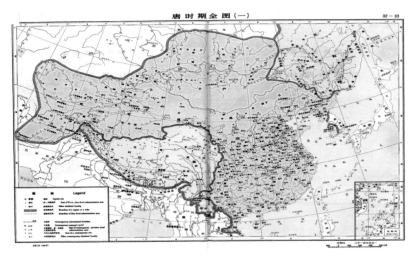

唐時期全圖 (一)

32 – 33

『중국역사지도집』의 관련 역사 지도.

여기서 '4국'의 일원인 웅진도독부를 '백제'로 표기하였다. 또 웅진도독부가 곧 백제를 가리킨다는 사실을 중국인 스스로 알려주고 있다. 백제사 전문가 가운데는 웅진도독부의 역사를 당사唐史로 간주한 이도 존재한다. 자신의 학문적 소신과는 무관하게 결과적으로 현재 중국인들의 역사 인식과 동일하다. 그러나 이 문제는 그렇게 볼 수 없다. 왜냐하면 웅진도독부의 역사가 중국사라면, 계림주대도독부인 신라도 중국사에 속하기 때문이다.

　본서에서는 웅진도독부의 존속 기간을 671년이 아니라 672년까지로 설정했다. 그리고 663년 9월까지는 제1차 조국회복운동으로, 672년까지는 제2차 조국회복운동으로 설정한 바 있다. 전자는 친왜 정권, 후자는 친당 정권에 의한 회복운동으로 그 성격을 규정했다.

　의자왕의 아들 부여융을 도독으로 하는 웅진도독부는 백제 멸망시 당으로 압송되었던 백제 귀족들을 귀환시켜 요직을 구성했다. 이는 좌평 사택손등의 경우에서 살펴진 바 있다. 부여융을 수반으로 하는 친당 정권의 수립이었다. 그런데 신라의 압력으로 부여융이 당으로 돌아감에 따라 당장唐

200　백제의 마지막 왕은 누구인가?

공산성과 금강 그리고 그 주변 전경. 금강 왼편의 현재 공주생명과학고등학교 뒷쪽의 작은 산이 취리산이다.

將 유인원이 웅진도독부를 관장했다. 부여융이 당으로 들어간 이유를 "융은 신라를 두려워해 곧 경사로 돌아왔다. 隆懼新羅 尋歸京師(『구당서』)"와 "융은 무리들이 흩어질 것을 두려워해 역시 경사로 돌아왔다. 隆畏衆攜散 亦歸京師(『신당서』)"는 2 종류이다. 이 경우는 전자가 사실에 근접한 것으로 보인다.

공산성에서 바라본 665년 8월 부여융과 문무왕 그리고 유인원이 서맹한 공주 취리산으로 비정되는 현재의 연미산(맨 왼쪽 산).

혹자는 부여융이 "신라의 압력을 못 이기고 고구려로 몸을 피했으며"라고 단정했다. 그리고 "백제 왕 부여융扶餘隆을 영외嶺外로 귀양 보냈다(『신당서』 권220상, 동이전 고려)"는 기사에 따라, 광시좡족자치구로 유배간 것으로 해석하였다. 그러나 부여융의 귀양 기사는 『구당서』에서는 보이지 않는다. 『자치통감』에서는 "부여풍은 영남으로 유배 보냈다. 扶餘豐流嶺南"고 하였다. 그러므로 『신당서』에 적힌 부여융의 유배 기사는 부여풍을 착각한 게 분명하다. 더욱이 친당파인 부여융이 고구려로 들어갈 이유는 없었다. 고구려에는 그와 대척점에 섰던 반당주의자 부여풍과 지수신이 있지 않았던가! 부여융이 제발로 반당 세력 결집처인 고구려에 찾아 들어갈 이유는 없었다. 실제 「부여융 묘지」에는 그가 고구려에 들어간 사실 자체가 없다.

한반도 내 웅진도독부의 해체 시점

668년 8월에 유인원이 유배됨에 따라, 백제 멸망시 좌평이었고, 당으로부터 우융위낭장·상주국右戎衛郎將上柱國을 제수받은 예군禰軍이 웅진도독부의 실질적인 수반이었다. 그러나 예군은 670년에 잔여 고구려군 토벌 문제를 협의하기 위해 신라에 초치되었다가 억류당했다. 신라의 유인책에 말려든 것이다.

이 무렵 웅진도독부 관하 7주 51현의 운영은 웅산현령·상주국·사마 법총熊山縣令上柱國司馬 法聰을 통해 살필 수 있다. 웅산현熊山縣은 노산주魯山州의 주현州縣인 노산현魯山縣으로 밝혀졌다. 금강 하류인 지금의 익산시 웅포면의 어래산성에 치소를 두고 있었다. 이곳은 대외교역 창구로서 비중이 큰 지역이었다. 이처럼 전략적으로 비중 높은 지역인 노산현(熊山)의 현령인 법총은 웅진도독부의 대왜 외교의 일익을 담당하였다. 웅진도독부의 실질

적인 운영은 백제계 관인들 주도로 독자적인 활로를 개척하고 있었다. 웅진
도독부의 백제 관료들은 당의 힘만으로는 신라를 막기에는 역부족으로 판
단했던 것이다.

그러던 중 웅진도독부와 왜와의 외교적 교섭이 개시되었다. 664년 2월
웅진도독부와 신라 사이에 체결된 웅령서맹 직후 백제계 관인 주도로 시작
되었다. 그 목적은 고구려
와 왜 간의 군사적 동맹을
차단하는 동시에, 백제고
지의 반환 약속을 당이 어
긴데 따른 신라의 불만에
대비하는데 있었다. 잠재
적으로 웅진도독부의 안
전은 신라에 의해 위협받

부소산에서 출토된 '대당大唐' 명문 기와. 후반기 웅진도독부
의 소재지를 알려준다.

후쿠오카에 소재한 다자이후 정청터. 그 뒤편으로 오노성이 보인다.

후쿠오카 오노성大野城 성벽. 백제인들이 축조한 산성이다.

았기 때문이다. 그러자 당은, 백제 재건을 명분으로 왜 세력을 한반도 문제에 다시금 개입시켜, 웅진도독부 자체의 안전을 보장받게 함으로써 고구려와의 전쟁에 총력을 기울이려는 속셈이었다. 따라서 이때 왜에 파견된 웅진도독부의 예군과 곽무종은 신라의 왜 침공설을 유포해, 고구려와 왜가 동맹을 맺어 당에 대항할 수 있는 국면을, 신라와 왜 간의 긴장 국면으로 전환시키려고 했다.

　이로 인해 왜는 북규슈의 다자이후大宰府와 세도내해瀨戶內海 지역의 방위를 위해 664~667년까지 축성과 더불어 방인 및 봉수를 배치했는데, 그 방비 대상은 당이 아니라 신라였다. 친당 정권인 웅진도독부는 유화적인 입장에서 왜를 대했기 때문이다. 반면 668년 왜가 신라 문무왕과 김유신에게 각각 선박을 선물한(『일본서기』 권27, 天智 7) 것은, 신라의 침공 위협이 작동해서였다. 『삼국사기』에 보이는 웅진도독부 관련 기사는 다음과 같다.

664년 3월 : "백제의 남은 무리들이 사비산성에 웅거하여 반란을 일으키자 웅진도독이 군대를 징발해 이들을 격파했다."

664년 7월 : "(신라가) 웅진부성의 병마와 함께 고구려 돌사성突沙城을 공격하여 멸했다."

665년 8월 : "왕이 칙사 유인원, 웅진도독 부여융과 더불어 웅진 취리산에서 맹세하였다. … 이에 유인궤가 우리 사자 및 백제·탐라·왜등 4국의 사자를 거느리고 바다를 건너 서쪽으로 돌아가 태산에서 제사에 참여하였다."

부여융은 풍왕 정권과는 달리 당을 도와 신라와 함께 고구려 변경을 공격했다. 그런데 668년 8월 이후 웅진도독부의 실질적인 통수권자였던 예군이 670년 신라에 억류됨에 따라 통치권의 공백을 노린 신라의 기습 공격으로 웅진도독부는 궤멸 일로에 놓았다. 위기를 타개하기 위해 웅진도독부는 왜에 청병했지만 성과는 없었다. 신라는 서해안 방비로 당군의 구원을 차단해 고립시킨 웅진도독부를 공격해 붕괴시켰다. 그 직후 신라는 사비성(부여)에 소부리주所夫里州를 설치함으로써 백제고지에 대한 지배권을 장악하였다.

그러면 신라가 사비성에 소부리주를 설치한 시기는 언제일까? 『삼국사기』 문무왕 11년 7월 조의 「답설인귀서」와 그 9월 조의 기사 중간에 다음과 같은 짤막한 기사가 있다.

소부리주를 두고 아찬 진왕眞王으로 도독都督을 삼았다.

위의 기사에 따라 소부리주의 설치를 문무왕 11년(671) 7·8월의 사실로 간주하였다. 이 기사를 의심없이 취해 왔었다. 그러나 여기에는 의문의 여지가 있다. 왜냐하면 본기와는 달리 『삼국사기』 지리지에는 다음과 같이 다르게 적혀 있기 때문이다.

부여군은 본래 백제 소부리군이었다. 당의 소정방과 김유신이 함께 이곳을 평정했다. 문무왕 12년에 총관摠管을 두고 경덕왕 때 이름을 고쳐 지금도 그대로 하고 있다.

지리지에는 신라의 소부리주 설치 시기를 문무왕 12년으로 기록했다. 충돌하는 두 기사 가운데 어느 기록이 옳은 지 가려 보기로 한다. 우선 『삼국사기』 문무왕 11년 조의 소부리주 설치 기사에 이은, 당군이 지금의 황해도 방면인 대방帶方 지역을 침공한 9월 조의 기사는, 기실 이듬해인 문무왕 12년 7·8월 조 기사에 이은 사건으로 볼 수 있다고 한다. 이 같은 이케우치 히로시池內宏(1879~1952)의 견해에 대해 이병도(1896~1991) 역시 "이 9월 조 기사는 지내굉 씨의 설과 같이 익翌 12년 7·8월 조 기사의 강령綱領으로 볼 것이므로 이곳에 넣은 것은 사기史記 찬자撰者의 두찬杜撰이다(이병도, 『國譯三國史記』 을유문화사, 1977, 119쪽, 註4)"며 동감했다. 그러면 『삼국사기』 본기의 소부리주 설치 기사는 문무왕 12년 조에 배정하는 게 맞다.

신라 통치구역으로서의 소부리주 설치는 백제 옛 땅의 완점을 뜻한다. 그런데 문무왕 12년(672) 초까지도 웅진도독부의 잔여 세력이 항전한 사실은 소부리주 설치가 적어도 문무왕 11년이 될 수 없음을 반증한다. 그럼에도 혹자는 "군郡에는 도독이나 총관을 두지 않았으므로, 672년 소부리군에 총관을 두었다는 것은 취신할 수 없다"고 했다. 그런데 이 기사는 신라가 소부리군에 총관을 두었다는 기사가 아니다. 백제의 소부리군을 평정한 후, 문무왕 12년에 총관을 두었다는 내용이다. 지금의 부여군은 본래 백제의 소부리군이었다는 글귀였다. 신라가 소부리군을 설치했다는 뜻은 아니었다. 그럼에도 자신의 결론과 충돌하는 기사를 무력화하기 위해 군郡 단위에 총관을 두었으니 신빙할 수 없다고 왜곡한 것이다.

이와는 달리 소부리주의 주치州治인 사비성이 신라에 공취된 시기가 문무왕 12년인 기사가 보인다. 『삼국사기』 문무왕 12년 조의 다음 기사이다.

봄 정월에 왕이 장수를 보내어 백제의 고생성을 공격해 이겼고, 2월에는 백제 가림성을 공격했으나 이기지 못했다. 春正月 王遣將攻百濟古省城 克之 二月 攻百濟加林城 不克

위의 기사에 보이는 고생성의 소재지와 관련해, "그 지명은 소부리라 하였다. 사자泗沘는 지금의 고생진古省津이다(『삼국유사』 권2, 紀異, 남부여 전백제)"고 했다. 『신증동국여지승람』에서는 "고생진古省津은 사자하泗沘河 부소

부소산과 낙화암 그리고 건너편의 부산과 더불어 그 사이를 유장하게 흘러가는 백마강.

산 밑에 있다(부여군 산천)”고 하였다. 고생진과 고생성은 서로 관련된 지명
이므로, 고생성은 부소산성 곧 사비산성의 별칭이거나 백마강 연변에 소재
한 성이 분명하다. 고산자 김정호는 고생성을 증산성甑山城(부여 규암면 신성
리)으로 지목했지만 부여 관내로도 비정했다. 가령 『여도비지輿圖備志』 고생
성 두주頭註에는 “고생성은 백제 도성이다. 古省城 百濟都城”고 적혀 있었
다. 이렇듯 신라가 부여 지역을 점령한 시기는 문무왕 12년이 분명하다.

　혹자는 신라가 백제고지를 완점하지 못한 671년에 소부리주를 설치하
자 반발과 저항에 직면한 기록이 672년 가림성 전투라고 했다. 이러한 주장
은 문무왕 11년 조 소부리주 설치 기사가 맞다는 전제 하에서 이와 배치되
는 문무왕 12년 조 기사를 부회시켜 재해석한 것이다. 만약 그렇다면 신라
가 무엇이 급해 사비성인 지금의 부여 지역 중심의 부소산성 일원도 장악하
지 못했음에도, 주州를 설치한 이유를 밝혀야 한다. 그러나 밝히지 못하고
있다. 그러므로 소부리주의 설치 시기는 문무왕 12년(672)이 타당하다. 노

현재의 부여군 규암 나루.

태돈(1949~)도 "신라는 672년 사비성에 소부리주를 설치하였다. 이는 곧 백제지역 장악의 공식적인 선포인 셈이다(『한국고대사』 경세원, 2014, 170~171쪽)"고 했다. 이후 웅진도독부는 요동의 건안建安으로 옮겨갔다.

지금까지 서술한 백제인들의 조국회복운동은, 친왜 정권인 풍왕을 수반으로 하는 무력항쟁기(660~663년)와 친당 정권인 부여융을 수반으로 하는 웅진도독부의 통치기(664~672년)로 구분할 수 있었다.

9

:

당에서 재건된 백제

'내번內蕃 백제'

백제 멸망 이후의 기사를 『삼국사기』 백제본기에서 다음과 같이 거의 전문 소개해 본다.

g-1. … 드디어 측근들을 거느리고 밧줄에 매달려 (성밖으로) 나갔다. 백성들이 모두 그들을 따라가니 태泰가 말릴 수 없었다. 정방이 군사로 하여금 성첩에 뛰어 올라가 당 깃발을 세우게 하였다. 태는 형세가 어렵고 급박하여 문을 열고 명령대로 따를 것을 요청하였다. 이에 왕과 태자 효가 여러 성과 함께 모두 항복하였다. 정방이 왕과 태자 효孝·왕자 태泰·융隆·연演 및 대신과 장사將士 88명과 백성 12,807명을 당唐 경사京師로 보냈다.

나라는 본래 5부部·37군郡·200성城·76만 호萬戶가 있었다. 이 때에 이르러 웅진熊津·마한馬韓·동명東明·금련金漣·덕안德安의 5 도독부를 나누어 두고 각각 주州·현縣을 통합하게 하였고, (그 지역의) 거장渠長들을 발탁하여 도독·자사·현령으로 삼아 다스리게 하였다. (그리고) 낭장郞將 유인원에게 명령하여 도성을 지키게 하고 또 좌위낭장 왕문도를 웅진 도독으로 삼아 남은 백성들을 위무하게 하였다.

정방이 포로를 바치니 상上(고종)이 꾸짖고는 용서하였다. 왕이 병으로 죽자 금자광록대부위위경을 추증하고 옛 신하들이 상례喪禮에 나가는 것을 허락하였다. (그리고) 조서를 내려 손호와 진숙보의 묘 옆에 장사하고 아울러 비를 세우게 하였다. 융隆에게는 사가경을 제수하였다. 왕문도가 바다를 건너다가 죽자 유인궤로 대신하게 하였다. …

이보다 앞서 흑치상지가 흩어진 무리들을 불러모으니 10일 사이에 돌아와 붙은 자가 3만여 명이었다. 소정방이 군사를 보내 쳤으나 상지가 막아 싸워 이겼다. (흑치상지가) 다시 200여 성을 빼앗으니 정방은 이길 수 없었다. … 두 사람이 마침내 그 성을 빼앗으니 지수신은 처자를 버리고 고구려로 달아나고 나머지 무리들도 모두 평정되었다. 인사仁師 등이 군대의 위세를 떨치며 돌아가니 (고종은) 인궤에게 조서를 내려 군사를 거느리고 머물러 지키게 하였다. 전쟁의 결과로 즐비하던 가옥은 황폐하고 썩지 않은 시체는 풀더미와 같았다. 인궤가 비로소 명령을 내려 해골을 묻고, 호구를 등록하고, 촌락을 정리하고, 관청의 장을 임명하고, 도로를 개통하고, 다리를 놓고 제언堤堰을 보수하고, 저수지를 복구하고, 농사와 누에치기를 권장하고, 가난한 자를 진휼하고, 고아와 노인을 양육하고, 당의 사직을 세우고, 정삭과 묘휘廟諱를 반포하니 백성이 모두 기뻐하고 각기 제자리에 안주하게 되었다. 당 고종이 부여융을 웅진도독으로 삼아 귀국하게 하여 신라와의 옛 원한을 풀고 유민들을 불러오게 하였다. 인덕 2년(665)에 (융이) 신라왕과 더불어 웅진성에 모여 백마를 잡아 맹서하였는데 인궤가 맹서의 글을 지었다. 금니金泥로 쓴 증표를 만들어서 신라의 종묘 속에 간직하였다. 맹서한 글은 신라본기에 보인다. 인원仁願 등이 돌아가니 융은 군사들이 흩어질까 두려워하여 역시 당 경사로 돌아갔다.

g-2. 의봉 연간(676~678년)에 융을 웅진도독 대방군왕으로 삼아 귀국하게 하여 남은 무리들을 안정시키게 하고, 곧 안동도호부를 신성新城(遼寧城 撫順市 高爾山城 : 필자)으로 옮겨 통할하게 하였다. 이때 신라가 강성하므로 융은 감히 구국舊國에 들어가지 못하고 고구려에서 잠시 다스리다가 죽었다. 무후武后가 그의 손자 경敬으로 왕위를 잇게 하였으나 그 땅은 이미 신라·발해말갈에게 분할되어 국계가 드디어 끊기고 말았다.

그리고 백제 유민들의 이동 과정을 살필 수 있는 기록이 다음의 『자치통감』에 보인다.

g-3. 웅진도독부를 건안고성으로 옮겼다. 먼저 서·연 등의 주에 옮겼던 그 백

　　제 호구를, 모두 건안에 두었다. 徙熊津都督府於建安故城 其百濟戶口

　　先徙於徐·兗等州者 皆置於建安(『자치통감』권202, 고종, 의봉 원년 2월).

　　이와 관련해 백제를 멸망시키고 귀국한 소정방의 이동로와 백제 유민들
이 거주했던 서주와 연주 일원 지도를 본다.

　　의자왕 일행의 최종 행선지는 지금의 시안西安 즉 장안을 가리키는 '경
사京師'로 적혀 있다. 그런데 헌부獻俘 의식은 낙양 응천문 앞이었다. 그리
고 백제 유민들이 거주했던 서주와 연주 일원은, 아래 지도에서 보듯이 백
제 석실분이 조성된 해주海州의 동해군東海郡인 지금의 장쑤성 롄윈강시連雲
港市와는 관련이 없다. 더욱이 서주와 연주의 백제 유민들은 곧 건안고성建
安故城으로 옮겼다. 그러므로 롄윈강 백제 고분군 조성과는 관련 지을 수 없
다. 이곳은 19세기 후반의 산둥성 지진 이전에는 반도나 도서였던 곳이었다
(이도학 외, 『육조고도 남경』주류성, 2014, 451쪽). 이렇듯 롄윈강 고분군은 어
떻게 보더라도 백제 멸망 후 유민과는 관련되지 않는다. 그 밖에 석실분 내

박지현, 「唐·日本의 百濟 遺民 비교 연구」서울대학교 대학원 박사학위논문, 2024, 29쪽.

에서는 유물이 출토되지 않았기에 백제 멸망 시점에 조성 시기를 맞추는 편년관은 억지춘향식이다.

백제 멸망과 관련해 의자왕이 항복한 660년과 조국회복운동 및 웅진도독부의 역사를 수록한 후 『구당서』·『신당서』 동이전 백제 조와 『자치통감』에서는, 그 말미에 다음과 같은 기사를 남겼다.

g-4. 의봉 2년(677)에 (융)에게 광록대부 태상원외경 겸 웅진도독 대방군왕을 제수하여 본번本蕃에 돌아가 남은 무리를 안집安輯하게 했다. 이때 백제의 본지本地는 황훼荒毁하여 점점 신라의 소유가 되어가고 있었으므로 융은 끝내 구국舊國에 돌아가지 못한 채 죽었다. 그의 손자 경敬이 측천무후 때에 대방군왕에 습봉襲封되어 위위경衛尉卿을 제수하였다. 이로부터 그 땅은 신라 및 발해말갈이 나누어 차지하게 되었으며, 백제의 종족이 마침내 끊기고 말았다(『구당서』).

g-5. 의봉儀鳳 연간(676~678년)에 (융을) 대방군왕으로 승진시켜 번藩으로 돌려 보냈다. 이때 신라가 강성하자 융은 감히 구국舊國에 들어가지 못하고 고려의 경역에 우거하다가寓治 죽었다. 무후武后 때 또 그의 손자 경敬으로 왕위를 잇게 하였으나 그 땅은 이미 신라·발해말갈이 나누어 차지하고 있어 백제는 결국 멸망하고 말았다(『신당서』).

위의 기사들은 결국 대동소이한 내용이다. 다만 g-2와 g-5에서 부여융이 고구려에서 사망했다는 기록은 그의 묘지와 맞춰 볼 때 타당하지 않았다. 그러나 관련된 "고구려(고려)에서 잠시 다스리다(g-2)"·"고려의 경역에 우거(g-5)"한 시점은 고구려 멸망 후인 의봉 연간(676~678년)이다. 그러면 다음 기사를 주목해 본다.

g-6. (677년) 2월 정사에 공부상서 고장高藏에게 요동도독을 제수하여 조선군
　　 왕에 봉하고는 안동부安東府로 돌려보내 고려 남은 무리들을 안집安輯하
　　 게 했다. 사농경 부여융 웅진도독을 대방군왕에 봉하여 (그곳에) 가서 백
　　 제 남은 무리들을 안집하도록 명하였다. 이에 안동도호부를 신성으로 옮
　　 겨서 그곳을 관할하게 했다(『구당서』 본기).

　　위의 기사에 따른다면 고구려 유민은 '안동부' 즉 안동도호부에 거주했음
을 알 수 있다. 백제 유민의 경우는 정확히 알 수 없지만 부여융의 거주지와
관련한 "고구려에서 잠시 다스리다(g-2)"·"고려의 경역에 우거(g-5)"는, 예
전에 고구려 영역이었던 요동 지역 거주를 가리킨다. 부여융은 그 「묘지」에
적혀 있듯이 그 후 낙양으로 돌아와 사제私第에서 생을 마감했다. 이와 관련
한 '기치寄治'에는 "치소治所를 임시로 다른 지역에 두는 일"의 뜻이 담겼다.
부여융이 일시적으로 요동에 거처했음을 뜻한다. 이렇게 볼 때 사서의 내용
과 「묘지」는 모순되지 않는다.

　　문제는 『삼국사기』를 비롯한 위의 사서에서 "그 땅은 이미 신라·발해말
갈에게 분할되어 국계가 드디어 끊기고 말았다"는 구절이다. 물론 백제 영
역이 신라에 넘어간 것은 맞지만 백제 영역이 말갈로 분할되고 말았다는 기
록은 이해되지 않았다. 그랬기에 『삼국유사』에서는 이 구절을 "삼국사에는
'백제 말년에 발해말갈·신라가 백제 땅을 나누어 가졌다'고 했다. 이 말에
의한 즉, 발해는 또 나뉘어서 두 나라가 된 것이다"고 하였다. 『삼국유사』의
찬자 일연은 이 구절이 이해되지 않았기에 백제 영역이 발해말갈로 분할된
이유를 '발해가 두 나라일 것'이라는 데서 찾았다. 일연은 백제의 소재지를
한반도로만 전제하고 있었다. 그랬기에 발해를 백제고지였던 한반도 서남
부 지역으로 끌어 당겨서 이 문구를 풀이하려는 궁여지책을 발휘했다. 물론
일연의 해석은 타당하지 않다.

사서에는 백제 멸망 후 그 영역이 신라와 발해말갈로 넘어 간 기록을 남겼다. 그런데 이 기사가 의미하는 바를 올바로 파악하지 못했기에 오류 정도로 간주하는 견해가 다수였다. 그러나 이 기사는 단순한 오류가 아니었다. 한반도에서 백제는 멸망했지만 당에서 재건된 웅진도독부와 연계된 백제 유민들과 결부지을 수 있다. 당은 보장왕을 수반으로 한 고구려 유민들을 요동으로 이주시켰다. 이 집단이 소위 소고구려국의 기원으로 운위되고 있다. 역시 당은 웅진도독 부여융을 수반으로 한 백제 유민 집단을 건안고성으로 옮겼다. 건안고성을 가리키는 '성방여중城傍餘衆'에서 특출난 장재將材들이 배출되어 당영唐營에서 혁혁한 전공을 세운 경우도 있었을 것이다.

　건안고성 백제 유민의 거주지는 명목상 독립 왕국 성격을 지녔다. 이 사실은 중국 사서에서 당 조정이 부여융으로 하여금 고구려 경역에 거주하게 한 배경으로 "그때 백제가 황잔荒殘했다"고 하였다. 백제의 쇠락을 언급할지언정 멸망했다고 하지는 않았다. 이 점 역시 몹시 중요한 백제 인식이었다. '황잔'은 백제의 부흥을 염두에 둔 기술이 분명하였다. 실제 이와 맞물려 부여융은, 그 조부인 무왕이나 부왕인 의자왕이 당조唐朝로부터 제수받

의자왕의 증손녀인 부여 태비 묘지석의 탑본.
부여융의 손녀로서 당 고종의 증손인 사괵왕嗣虢王 이옹李邕과 혼인한 태비 부여씨이다.

았던 대방군왕 관작을 동일하게 습봉襲封하였다. 이는 당조가 부여융을 백제 국왕으로 인정했음을 뜻한다. 이러한 습봉은 부여융의 손자인 부여경扶餘敬에까지 이어진 사실이 확인되었다. 725년 태산泰山 봉선封禪 기록에서 '백제 대방왕'을 '내신지번內臣之蕃'이라고 했다. '백제'라는 국호와 '대방왕'이라는 작호는 물론이고, '번蕃'의 존재까지 확인되었다.

건안고성에서 습봉한 백제 왕은 측천무후 집권기(684~704)의 부여경에서 끝난 것만은 아니었다. 백제 유민들은 '백제' 명의 독립된 정치 세력으로서 당에 군사력을 제공해 주었다. 백제가 멸망한 지 무려 1백 년이 경과했음에도 사타리沙吒利를 '번장蕃將'이라고 했다. 이 사실은 그가 한족漢族 사회에 완전히 편제된 인물이 아니었음을 뜻한다. 당역唐域의 번蕃으로서 존재한 백제를 상정할 수 있다.

당이 백제를 재건해 준 배경은 676년 신라가 당 세력을 한반도에서 축출한 사건과 맞물려 있다. 당은 '망한 것을 일으키고, 끊어진 것을 잇는다'는 곧 '흥망계절興亡繼絶'이라는 백제 유민들의 염원을 구현해 주는 한편, 신라 견제용으로 활용하고자 했다. 당 사회에서 백제인들이 지닌 효용성 또한 백제 재건의 기제로 작용한 것이다. 흑치상지와 사타상여 등과 같은 백제인들의 탁발한 군사적 능력은 돌궐과의 전쟁을 비롯해 당의 안보에 절대적으로 긴요했다.

그러한 내번內蕃으로서 건안고성의 백제 왕국은 8세기 중엽이나 9세기 초엽 어느 때 요동 지역으로 세력을 뻗친 발해에 병합되었다. 그럼에 따라 당역唐域에서 여맥을 이어 간 백제는 역사의 전면에서 종언을 고하였다. 이 사실을 일컬어 사서는 "그 땅은 이미 신라·발해말갈에게 분할되어 국계가 드디어 끊기고 말았다"고 평가했다. 여기서 '국계'는, 당에서 재건된 백제가 백제사의 법통을 계승했음을 뜻하는 의미심장한 문구였다.

이제 백제사는 672년까지 한반도에 존속했던 웅진도독부의 역사 뿐 아니라 8세기 중엽 내지는 9세기 초엽까지 중국에서 재건된 '내번 백제'의 존재까지 포괄해야 할 것이다. 700년을 넘는 장구한 내력과 강인한 생명력을 지닌 800년 백제사의 실체를 결코 간과해서는 안 될 것 같다. 새롭게 밝혀진 백제사의 진면목이었다.

풍왕의 마지막 모습과 유배지 기원설

백제의 조국회복 운동가들과 유민 가운데는 일본열도에서 그 뒷 소식을 남기고 있다. 예컨대 의자왕의 아들 선광善光·禪廣은 664년 3월에 지금의 오사카인 나니와難波에 거주하였다. 이 선광을 고구려로 망명한 풍왕과 기맥을 통하고 있던 그 아우 부여용扶餘勇으로 지목하는 견해가 있다. 『속일본기』에 의하면 의자왕의 아들 선광은 631년에 풍장과 함께 왜로 건너갔는데 다음과 같이 전한다.

다케치노 오카모도노 미야니 아메가시다 시로시메스高市岡本宮馭宇天皇(舒明天皇, 629~641) 때 의자왕이 그 아들 풍장왕豊璋王 및 선광왕禪廣王을 보내어 천황을 모시게 하였다. 후에 오카모도 조정岡本朝廷(齊明天皇)에 이르러 의자왕이 전쟁에서 패하여 당에 항복하자, 그 신하인 좌평 복신이 사직을 원래대로 회복하고자 멀리서 풍장을 맞이하여 끊어진 왕통을 이어 일으켰다. 풍장은 왕위를 이은 후 방자하다는 참언을 듣고 복신을 죽이니, 당군이 그것을 알고는 주유성을 다시 공격하였다. 풍장은 우리(일본: 필자) 병사와 함께 대항하였으나 구원군이 불리하게 되자 풍장은 배를 타고 고려로 도망하고 선광은 이로 말미암아 자기 나라로 돌아 가지 못하였다(天平神護 2년 6월).

조국회복운동이 실패함에 따라 선광은 많은 백제인들처럼 고국으로의 귀환은 영원히 좌절되었다. 선광은 회한을 가슴 속에 깊이 묻고 말았다.

중국 최남단 광시좡족자치구에는 '백제향百濟鄕'이라는 지명이 남아 있다. 백제향 지명 기원과 관련해 풍왕의 유배지와 결부지은 설이 제기되었다. 『자치통감』과 『신당서』 등에서는 고구려의 멸망과 엮어서 풍왕의 존재가 다음과 같이 보인다.

승려 신성을 은청광록대부로 삼고, 천남생을 우위대장군으로 삼았다. 이적 이하는 상을 내리는 데 차등이 있었다. 천남건은 검주黔州로 유배 보냈고, 부여풍은 영남으로 유배 보냈다. 僧信誠為銀靑 光祿大夫 泉男生為右衛大將軍 李勣以下 封賞有差 泉男建流黔州 扶餘豐流嶺南(『자치통감』 권201, 고종 총장 원년)

부여풍의 유배지인 영남은 지금의 광시좡족자치구 일대였다. 그런데 혹자는 위의 기사와 백제향을 엮어서 그 유래를 추정하였다. 즉 "중국 광시좡족자치구의 백제향 백제허 일대에서 지금까지도 많이 사용되고 있는 '백제'라는 명칭에 주목하여, 이 지역을 백제 22담로의 한 곳이었다고 보면서 이곳이 흑치상지의 고향이 아니었을까 추론하는 견해가 발표된 적이 있다. 그러나 이러한 해석은 너무 자의성이 강한 것으로 판단된다. 필자의 개인적인 소견으로는, 오히려 당나라의 포로가 되어 이곳으로 유배를 온 부여풍이 이지역의 주민들에게 많은 영향을 남김으로써 그 결과가 오늘날까지 이 지역에 남아 있게 되었다고 받아들이는 것이 좀더 합리적인 역사해석이 아닐까 하는 생각을 해 본다"는 견해이다.

혹자는 부여풍의 유배지였기에 '백제' 관련 지명이 이곳에 남겨지게 되었다고 했다. 그러나 다른 세계와 격절된 유배지에서 '영향'을 남긴다는 것은 유배형의 기본 속성과는 거리가 있기 때문에 수긍하기 어렵다. 부여풍을 다산 정약용 쯤으로 간주하지 않고서는 나오기 어려운 발상이다.

풍왕의 사위가 된 조인본은 당과 고구려, 백제와의 전쟁에 참여해 큰 공을 세웠다고 한다. 그리고 '부여씨 부인'의 사위가 당 현종대의 재상인 원건요였고, 외손자 원청이 현종의 딸인 진양 공주와 혼인했다. 이러한 원건요의 부친 원직심源直心이 고종대에 영남嶺南으로 유배되었는데(『舊唐書』권98, 源乾曜傳. "源乾曜 相州臨漳人 隋比部侍郎師之孫也 父直心 高宗時爲司刑太常伯 坐事配流嶺南而卒"), 부여풍이 영남으로 유배되었던 사실과 관련해 두 사람의 인연이 부여풍의 외손녀와 직심의 아들 건요의 혼인 배경으로 작용했을 가능성이 제기된다(장병진, 「백제 부여풍 후손의 행적에 관한 새 자료 - 조인본, 부여씨 부부의 묘지명 -」『역사와 현실』 123, 2022, 257쪽).

부여융의 후손은 당 황실과 혼인 관계를 맺었고, 부여풍의 후손은 당의 고관 가문과 혼인하였다. 모두 당의 지배층 일원으로 입지를 확보한 것이다.

광시좡족자치구의 백제향.

10

:

한반도 백제 유민들의 동향, 그리고 에필로그

세종시 연기 지역 유민들의 동향

　계유명전씨아미타불비상癸酉銘全氏阿彌陀佛碑像(국보 제106호)이 발견된 세종시 연기 지역은 본래 백제 영역이었다. 그리고 불비상에 적힌 명문을 분석해 본 결과 대다수가 신라 관등을 지니고 있었다. 그럼에도 백제의 달솔達率 관등이 보였다. 특히 진씨眞氏 내지는 이와 관련된 모씨牟氏는 백제 유력 가문의 씨氏였다. 그러므로 명문의 서두에 등장하는 전씨全氏도 백제 귀족으로 추정할 수 있었다. 신라와 고구려에서는 전씨가 존재하지 않았다.

　그러면 지금까지 명문에서 확인된 이들 귀족들의 근거지는 어디였을까? 진씨나 모씨의 경우는 한성 도읍기 백제의 북부에 속하였다. 웅진성 천도 이후에 이들의 근거지는 정확히 살피기 어렵다. 전씨의 경우는 씨의 기원과 관련한 근거지로서 불비상이 남겨진 전의全義 지역을 고려해 볼만하다. 왜냐하면 씨는 종족의 발상지에서 유래한 경우가 많기 때문이다. 백제 왕실이 부여에서 출원했기에 부여씨라고 칭한 게 대표 사례였다. 물론 전의라는 행정지명이 고려 이전으로 소급되기는 어렵다. 그러나 이는 어디까지나 군현郡縣 단위의 행정지명에만 국한될 뿐이다. 씨의 기원과 관련해 역으로 생각한다면 오히려 전의 지명의 단초는 백제 때로 소급할 수 있지 않을까? 그랬기에 지명에서 전씨가 기원했다는 역발상도 제기될 수 있다.

　삼국 중 가장 많은 씨氏가 확인된 백제의 사례를 놓고 볼 때 전씨 역시 백제 귀족 가문의 일원으로 단정된다. 더구나 불비상이 발견된 전의라는 지명과 전씨와의 연관성을 생각하게 한다. 신라는 백제 유민 가운데 지배층들을 바로 이곳으로 사민시켜 당唐과의 대결 구도 속으로 밀어붙인 듯한 인상을 심어준다. 특히 불비상의 조성 연대인 673년에서 불과 1년 전에 신라는 백제고지에 설치된 친당 정권인 웅진도독부를 축출하였다. 신라가 백제고지를 접수하게 된 상황에서 백제 유민들을 적극적으로 포섭할 필요가 있었다.

계유명전씨아미타불비상의 명문이 있는 맨 하단 부분.

그 산물이 과거 백제 관등을 지녔던 백제 유민들에게도 신라 경위京位를 부여한 것이다. 그럼으로써 이들의 역량을 당군 축출로 집결시킨 것 같다.

사실 고구려 멸망 직후 그 유민들은 신라와 함께 당에 대적한 바 있었다. 반면 백제고지에는 663년 9월의 백강 패전 이후 웅진도독부가 설치되었다. 그러한 웅진도독부를 신라는 축출과 동시에 즉각 백제 유민들을 포용해 676년까지 이어진 대당對唐 전쟁에 동참시키고자 한 것이다. 그랬기에 백제와 고구려 멸망 이후 그 유민들은 신라와 힘을 합쳐 당군을 축출할 수 있었다. 결국 신라에 의한 통일국가의 완성은 이러한 점에서 의미를 찾을 수 있다. 계유명전씨아미타불비상의 명문은 이러한 정보를 전해주는 것 같다.

이와 관련해 673년에 조성된 계유명천불삼존비상에 보이는 미차내彌次乃 향도香徒는 신라의 지원을 업고 결성되어 조상造像과 조사造寺를 통해 민심을 안무하는 역할을 한 것으로 보인다. 전란으로 황폐해진 백제고토와 민심 수습 목적이었다. 그랬기에 전란의 산물인 혼령들을 위한 추복追福 목적의 사찰과 불상을 조성하게 한 것 같다. 이는 불비상이 지닌 아미타 신앙의 목적과도 부합한다.

만들어진 제의祭儀, 은산별신제

은산별신제恩山別神祭의 현장인 은산은 부여읍에서 서북쪽으로 떨어져 있는 곳으로 역원驛院이 있던 곳이다. 그러한 은산면 은산리의 마을 뒷산을 당산堂山이라 부른다. 구릉에 불과한 당산에는 이중산성이라는 소규모의 토성이 축조되어 있다. 이곳은 무수히 많은 백제군이 전몰한 장소로 전해진다. 당산 서쪽은 절벽이며 그 아래로 은산천이 흐른다. 당산의 남쪽에는 기와집으로 한 칸의 방과 마루로 된 별신당이 자리잡았다.

중요 무형문화재 제9호로 지정된 은산별신제의 기원에 대해서는 다양한 견해가 제기된 바 있다. 특히 백제 멸망 이후 국가를 회복하기 위해 항쟁했던 백제군의 원혼을 풀어주기 위한 목적에서 비롯했다는 견해가 대세를 이루었다. 그러나 이와는 달리 조선시대의 산신당 제의에서 비롯하였다가 19세기 이후 은산 장시場市의 형성 및 발전과 관련해 생성되었을 것으로 추정하기도 한다. 1935년 은산별신제에 대한 조사가 이루어진 이래 지금까지 축적된 자료를 토대로 그 생성 시기와 변개 과정에 대한 정리가 가능해졌다

은산별신제는 당초 질역 진압 목적에서 중국의 한신韓信이나 번쾌樊噲를 비롯한 '옛 명장古名將'들을 총동원했다. 그러다가 지역 정체성에 대한 강한 흡입력이 가세하면서 국가회복운동 즉 복국운동의 영웅 복신 장군이 질역을 막아주는 역할을 부여받았다. 백제군 고혼孤魂에 대한 은산 주민들의 정서는 지금까지의 진압과 기피에서, 이제는 위로하고 접근하는 형식으로 바뀌었다. 그 결과 복신이 별신당의 주신主神이 되었다. 지금 전하는 별신제는

이러한 과정을 거쳐 생겨났다.

그리고 별신당에 모셔진 토진대사土進大師의 정체를 승장僧將 도침道琛으로 비정하는 견해가 통설을 이룬다. 토진과 도침이 음사音似하기 때문이다. 그렇다고 오랜 전승에 따른 와전은 전혀 아니었다. 이 경우는 당초 '복신장군 도침대사 신위'였을 것이다. 그러나 도침 대사는 복신 장군에게 피살된 원수였기에 신당에서 함께 제사를 받는다고 하자. 누가 보더라도 부자연스러운 일이었다. 그렇다고 도침 대사를 위한 별도의 신당이 있는 것도 아니었기에 위패를 퇴출시킬 수도 없었다. 결국 도침과 음이 닮은 '토진'으로 표기하여 별신당에 도침 대사를 존치시킨 것이다(이도학, 「恩山別神祭 主神의 變化 過程」『扶餘學』 4, 부여고도육성포럼, 2014, 11~39쪽).

에필로그

부여융은 의자왕의 원자였다. 그가 17세 되던 해 의자왕의 왕자 풍은 왜로 건너갔다. 30년 후 숙명의 라이벌이 될 풍 왕자는 631년 왜로 건너간 이후 줄곧 체류하였다. 왜에 체류 중인 백제 제24대 동성왕은 유년에 귀국해 즉위한 바 있다. 유년에 왜로 건너간 왕자들이 적지 않았다. 이후 융과 풍은 서로 격절된 공간에서 살았다. 두 사람이 서로 부딪힐 상황은 없었다.

장구한 기간 왕자 신분에 머물다가 태자로 책봉되었던 의자왕은, 즉위 3년만에 융을 태자로 책봉했다. 후계자 문제를 빨리 매듭지어 변수가 발생할 수 있는 요인을 원천 차단하고자 하였다. 그런데 의자왕 15년, '국왕의 어머니'인 사탁씨 태후가 사망하자 그 틈을 노리고 전광석화처럼 권력 교체를 단행했다. 은고의 지원을 받아 의자왕은 친위체제를 구축하는 데 성공했다. 의자왕은 사탁씨 태후 세력의 일족을 숙청하는 데 그치지 않았다. 융의 외가 세력도 제거하였다. 이로 인해 융은 삽시간에 날벼락을 맞은 것이다. 폐태자된 융은 왕자 신분으로 전락하고 말았다.

660년 7월, 신라군과 당군이 동과 서로 협격하였다. 웅진성으로 피신했던 의자왕은 당군에 항복했다. 그에 앞서 사비도성이 함락되었을 때 융은 신라 태자 김법민과 맞대면하였다. 두 사람은 폐태자와 태자의 신분이었지만 모두 원자元子들이었다. 김법민은 무릎꿇린 융의 면상에 침세례를 퍼부었다. 김법민 태자의 한이 깊고도 깊었음을 알려준다. 이후 융의 신병은 당군에 이첩되었다.

당은 당초 백제에 대한 유감이 크지 않았다. 신라 왕 김춘추의 복수심에 의한 추동과 궁극적으로 고구려 멸망에 신라 지원이 필요해서였다. 당은 고구려 멸망 후 백제에 친당 정권을 수립하고 신라와 더불어 기미주로 만들어 통치할 구상을 했었다. 그러기 위해서는 합당한 명분이 필요하였다. 당은 백제 정벌의 목적을 의자왕 후반기 난정亂政을 바로잡는 데 두었다. 이와 관련해 백제인들 앞에 내밀 수 있는 인물이 폐태자된 융의 복권이었다. 궁극적으로 그를 수반으로 한 백제의 재건을 목표하였다.

당은 융을 태자로 일컬었다. 당군에 의해 융은 복권되었다. 융은 의자왕의 합당한 후계자로서 재건된 백제 왕이 될 수 있는 상황이었다. 그런데 승전 축하연에서 의자왕에 대한 당군의 무례한 모욕과 약탈을 비롯한 만행이 발단이 되어 저항의 불길이 도도하게 번져갔다. 당군은 그들이 가져왔던 계획과 구상을 당장 실현할 수 없었다. 백제인들의 저항을 막는 게 급선무였다.

당군이 승전을 보고하기 위해 귀국할 때 의자왕과 함께 융도 장안과 낙양으로 끌려갔다. 이후 백제 옛 땅에서의 상황이 심각하게 돌아갔다. 백제 전역을 거의 회복할 정도로 백제인들의 기세는 드높았다. 이와 더불어 왜에 체류하던 풍이 귀국해 어엿한 국가 체제를 구축하였다. 이에 대한 대응으로 당의 대안이었던 융도 환국했다. 백제 옛 땅에 친당 정권과 친왜 정권, 2개의 정권이 공존하였다.

융은 당의 힘을 빌어 국가를 회복하고자 했다. 중국인들의 전통적인 '망한 것을 일으키고 끊어진 것을 이어준다. 興亡繼絶'는 논리를 믿지 않을 수 없었다. 병 주고 약 주는 격이었지만, 마땅한 대안이 없는 것으로 판단했을 수 있다. 실제 융은 문무왕과 동격의 지위를 보장받았다. 당의 중재 하에 웅진도독 융은 계림주대도독 김법민(문무왕)과 동급이었다. 김법민으로부터 침세례까지 받았던 융은 신라에 대한 깊은 트라우마가 있었다. 융은, 이 난국을 당의 힘을 빌었을 때 타개할 수 있다고 믿었다.

반면 풍은 무력으로써 신라와 당을 자국에서 몰아낸 후 예전의 백제를 재건하려고 했다. 풍이 믿었던 세력은 백제의 전통적인 우방 왜였다. 그랬기에 풍은 왜녀倭女를 왕비로 맞았고, 실제 도합 4만 2천 명에 이르는 병력과 막대한 무기와 군수품을 왜로부터 지원받는 데 성공했다. 당군의 전력은 고구려 정벌에도 투입되어 있었다. 풍으로서 당군의 전력 분산, 즉 양분으로 결국에는 백제가 승리할 수 있다는 확신을 지녔던 것이다.

융과 풍의 대결은 백강 전투에서의 정면승부로 결판이 났다. 백강 패전의 책임은 풍에게 묻는 경우가 많았다. 구국의 영웅 복신을 살해해 백제군 전력을 크게 약화시켰고, 이로 인해 백제군 지휘부의 갈등과 분열을 초래한 것은 사실이었다. 그 여파로 흑치상지와 사타상여 등과 같은 명장들이 융에게 투항하였다. 그랬기에 단재 신채호는 "부여풍은 곧 중흥하는 백제를 멸망시킨 첫째가는 죄인다!"고 질타했다. 그리고 풍은 백강 전투 당일에 기상을 잘못 헤아려 패전을 자초하였다.

그러나 풍은 대세에 굴복하지 않았다. 고구려로 피신한 그는 국가의 재건을 도모했다. 일본열도로 넘어간 아우 용과 내응하며 나라를 회복하고자 백방으로 진력하였다. 그러나 그 기간도 짧다면 짧은 5년에 불과했다. 결국 그가 믿었던 대국 고구려가 무너지는 날 그 자신도 몸을 드러냈다. 당군은 그를 즉각 체포했고, 대륙의 멀고도 먼 맨 남쪽 끝 영남으로 유배 보냈다. 풍이 천추의 한을 품고 사망한 장소는 알려지지 않았다. 중국인들의 관심과 시야에서 사라졌기 때문이다.

융은 웅진도독이었지만 기실은 백제 왕이었다. 그로서는, 당이 지켜주는 나라의 영역 보전이 지고지선至高至善한 과제였다. 고구려가 무너진 후 신라와 당의 충돌이 본격화했다. 재건한 백제를 통해 신라를 견제하려는 당이었다. 신라는 당이 설정한 백제 영역을 인정할 수 없었다. 신라의 침공이 끊임없이 이어졌다. 신라로부터 오는 위협은 융에게는 씻을 수 없는 공포였다. 그는 백제 옛 땅에서 당으로 돌아갔다. 결국 요동의 건안고성에서 옛 주민들을 수습하다가 낙양에서 만년을 보냈다. 그는 다시는 고국에 돌어가지 못했다. 파란만장했을 뿐 아니라 역시 천추의 한을 품고 융도 세상을 건너갔다.

격동치는 동아시아의 거치른 파고 속에서, 백제 의자왕의 아들 융과 풍은 자신의 의지와는 무관하게 폐태자 되거나 왜로 보내졌었다. 이후 나라의 멸망이라는 청천벽력 같은 상황은 다시 융과 풍을 시대의 깊은 소용돌이 속에 밀어넣었다. 당에 의해, 그리고 또 왜에 의해 두 사람은 백제의 마지막 운명을 걸머진채로 굴곡진 삶을 살아가야만 했다. 폐태자되었지만 체념한 채로 왕자로서 평범하게 살았던 융이었다. 일본열도의 미와산에서 벌통을 갖다 놓고 기르는 등 유유자적하던 풍이었다. 융과 풍 모두 7세기 후반 동북아시아 국제질서 재편 속에서 스러진 시대의 희생양이었다. 이 같은 처지에 놓여 있다면 우리는 어떤 선택을 할까? 융왕과 풍왕의 고뇌는 신냉전체제로 재편되는 21세기의 국제정세 속에서 우리에게 던져주는 중요한 화두이다.

[참고문헌]

■ 사료

『三國史記』『三國遺事』『高麗史』『新增東國輿地勝覽』『東史綱目』『順菴先生文集』『與猶堂全書』『東京雜記』『樊巖集』『東國輿地志』『海東繹史』『靑莊館全書』『硏經齋全集』『林下筆記』『輿地圖書』『大東地志』『輿圖備志』『增補文獻備考』『舊約聖經』『漢書』『三國志』『魏書』『晋書』『周書』『北史』『隋書』『唐會要』『舊唐書』『新唐書』『通典』『翰苑』『冊府元龜』『資治通鑑』『大淸一統志』『日本書紀』『續日本紀』『風土記』『風土記逸文』『善隣國寶記』

■ 단행본

玄采,『幼年必讀』徽文館, 1907.

小田省吾,『朝鮮一般史』조선총독부, 1924.

小田省吾,『朝鮮史大系』朝鮮史學會, 1927.

關野貞,『朝鮮美術史』朝鮮史學會, 1932.

村山智順,『民間信仰第三部 朝鮮の巫覡』朝鮮總督府調査資料 第三十六輯, 1932.

桂奉瑀,『우리國史⑵ 中古史』維新프린트社, 1945.

孫晋泰,『朝鮮民族史槪論(上)』乙酉文化社, 1948.

孫晋泰,『國史大要』乙酉文化社, 1949.

李丙燾,『韓國史 古代篇』乙酉文化社, 1959.

김성근·윤태림·이지호,『중학교 사회 Ⅱ』교육출판사, 1971.

申采浩,『朝鮮史硏究艸』乙酉文化社, 1974.

井上光貞,『日本の歷史 ⑶飛鳥の朝廷』小學館, 1974.

李丙燾,『國譯 三國史記』乙酉文化社, 1977.

奈良國立博物館, 『正倉院展』 1982.

山本西郞·上田正昭·井上滿郎, 『解明新日本史』 文英堂, 1983.

鬼頭淸明, 『白村江--東アジアの動乱と日本』 敎育社, 1986.

朴炳植, 『日本語の悲劇』 情報センタ, 1986.

丹齋申采浩先生紀念事業會, 『改訂版 丹齋申采浩全集(上卷)』 螢雪出版社, 1987.

과학백과사전종합출판사, 『조선전사』 3, 1991.

韓國古代社會硏究所, 『譯註 韓國古代金石文』 I, 1992.

卞麟錫, 『白江口戰爭과 百濟·倭 관계』 한울아카데미, 1994.

坂本太郞 外, 『日本書紀(四)』 岩波文庫, 1995.

이종학, 『新羅花郎·軍事史硏究』 서라벌군사연구소, 1995.

李道學, 『새로 쓰는 백제사』 푸른역사, 1997.

李道學, 『백제장군 흑치상지 평전』 주류성, 1998.

박병석, 『도적 맞은 우리 국호 日本』 1, 문학수첩, 1998.

忠淸埋葬文化財硏究院·舒川郡, 『乾至山城』 1998.

忠淸埋葬文化財硏究院·舒川郡, 『韓山 乾至山城』 2001.

李道學, 『한국고대사, 그 의문과 진실』 김영사, 2001.

한국정신문화연구원, 『譯註 三國史記(수정개정판)』 2001.

朴性興, 『內浦地方의 古代史와 洪州 周留城과 唐津 白村江 硏究』 內浦地方古代文化
        硏究所, 2001.

李道學, 『살아 있는 백제사』 휴머니스트, 2003.

노중국, 『백제부흥운동사』 일조각, 2003.

坂本太郞 外, 『日本書紀(五)』 岩波書店, 2004.

가와카쓰 요시오 著·임대희 譯, 『중국의 역사(위진남북조)』 혜안, 2004.

국립부여문화재연구소, 『宮南池III』 2007.

강용자 譯,『風土記』지만지, 2008.

朴性興·朴泰信,『眞番·目支國과 百濟復興戰』주류성, 2008.

부여군,『파진산의 옛 문화』부여군, 2009.

노태돈,『삼국통일전쟁사』서울대학교 출판부, 2009.

藤岡信勝,『新編 新しい歴史教科書』自由社, 2009.

손영종 외,『조선통사 상(개정판)』사회과학출판사, 2009.

五味文彦·鳥海靖 編,『もういちど讀む山川日本史』山川出版社, 2010.

李道學,『백제 한성·웅진성시대 연구』一志社, 2010.

李道學,『백제사비성시대연구』一志社, 2010.

예산군·백제문화재연구원,『예산 임존성 수구지 발굴조사』2010.

정구복 외,『개정증보 역주 삼국사기 4(주석편하)』한국학중앙연구원출판부, 2012.

국립청주박물관,『불비상 염원을 새기다』2013.

荊木美行,『金石文と古代史料の研究』燃燒社, 2014.

노태돈,『한국고대사』경세원, 2014.

이도학 외,『육조고도 남경』주류성, 2014.

綱野善彦 著·임경태 譯,『일본의 역사를 새로 읽는다』돌베개, 2015.

권덕영 外,『중국 소재 한국고대금석문』한국학중앙연구원 출판부, 2015.

충청남도역사문화연구원,『중국 출토 백제인 묘지 집성』원문·역주편, 2016.

예산군·백제문화재연구원,『예산 임존성 건물지유적』2016.

入江曜子,『古代東アジアの女帝』岩波書店, 2016.

李鍾學,『동북아시아의 전쟁과 평화』충남대학교출판문화원, 2016.

부여군,『의자왕과 백제유민의 낙양 행로』주류성, 2016.

이재준,『백제멸망과 부흥전쟁사』경인문화사, 2017.

전북문화재연구원,『扶安 禹金山城』2017.

이도학,『삼국통일 어떻게 이루어졌나』학연문화사, 2018.

이도학, 『분석 고대한국사』학연문화사, 2019.

이도학, 『백제 계산 공주 이야기』서경문화사, 2020.

전북문화재연구원, 『扶安 禹金山城』2020.

서동인, 『백제 아포칼립스 1- 백강과 기벌포는 어디인가?』주류성, 2023.

서동인, 『백제 아포칼립스 2- 주류성 및 탄현은 어디인가?』주류성, 2023.

이도학, 『쟁점, 한국고대사 그 해답을 찾다』주류성, 2024.

■ 논문

池內宏, 「百濟滅亡後の動亂及び唐·羅·日 三國の關係」『滿鮮地理歷史硏究報告』14,
    1934.

津田左右吉, 「百濟戰役地理考」『朝鮮歷史地理』1, 1913; 『津田左右吉全集』11, 岩波
    書店, 1964.

노도양, 「백제주류성고」『명지대논문집』12, 1979.

Marylin M.Rhie 著·文明大 譯, 「天龍山 第21石窟과 唐代碑銘의 硏究」『佛敎美術』5,
    1980.

박지현, 「唐·日本의 百濟 遺民 비교 연구」서울대학교 대학원 박사학위논문, 2024.

沈正輔, 「百濟復興軍의 主要據點에 관한 硏究」『百濟硏究』14, 1983.

李道學, 「漢城末·熊津時代 百濟 王位繼承에 관한 再檢討」『韓國史硏究』45, 1984.

李道學, 「漢城末 熊津時代 百濟 王位繼承과 王權의 性格」『韓國史硏究』50·51合輯,
    1985.

李道學, 「羅唐同盟의 性格과 蘇定方被殺說」『新羅文化』2, 東國大學校 新羅文化硏究
    所, 1985.

李道學, 「熊津都督府의 支配組織과 對日本政策」『白山學報』34, 1987.

朴性興, 「百濟復興戰爭史의 歷史地理的考察」『任存城 百濟復興軍戰史』禮山鄕土史硏
    究會, 1989.

李道學,「百濟 黑齒常之 墓誌銘의 檢討」『鄕土文化』6, 1991.

노중국,「百濟 滅亡後 復興軍의 復興戰爭 硏究」『歷史의 再照明』소화, 1995.

李道學,「'日本書紀'의 百濟 義慈王代 政變 記事의 檢討」『韓國古代史硏究』11, 1997.

李道學,「百濟 復興運動의 시작과 끝, 任存城」『百濟文化』28, 1999.

李文基,「百濟 遺民 難元慶墓誌의 紹介」『慶北史學』23, 2000.

李道學,「'백제부흥운동'에 관한 몇 가지 검토」『東國史學』38, 2002.

李道學,「백제 무왕대 익산 천도설의 검토」『익산 문화권 연구의 성과와 과제』마한백제
　　　　문화연구소 설립 30주년 기념 제16회 국제학술회의, 2003.

佐藤信,「白江戰爭과 倭」『백제 부흥운동과 백강전쟁』서천군, 2003.

沈正輔,「白江에 대한 硏究 現況과 問題點」『백제 부흥운동과 백강전쟁』서천군, 2003.

李道學,「삼국의 문화와 문물교류 과정」『7세기 동아시아 국제정세와 신라의 삼국통일
　　　　전략』제24회 신라문화학술회의, 동국대학교 신라문화연구소, 2004.3.12.;『신
　　　　라문화』24, 2004.

李道學,「백제 무왕대 익산 천도설의 재해석」『마한백제문화연구』16, 2004.

李道學,「書評: 백제부흥운동사(노중국 著/ 일조각)」『한국사연구』124, 2004.

李道學,「유왕산 놀이」『한국세시풍속사전(가을편)』국립민속박물관, 2006.

李道學,「해동증자 의자왕의 생애」『백제실록 의자왕』부여군, 2008.

李道學,「중국 속의 백제인들」『한민족 디아스포라의 역사(1)』한민족학회, 2009, 5.27.;
　　　　「중국 속의 백제인들, 중국 바깥의 백제인들」『한민족연구』7, 2009.

李道學,「彌勒寺址 西塔 '舍利奉安記'의 分析」『白山學報』83, 2010.

李道學,「古都 益山의 眞正性에 관한 多角的 分析」『馬韓百濟文化』19, 2010.

李道學,「唐에서 재건된 백제」『인문과학논총』15-1, 경성대학교 인문과학연구소, 2010.

이현숙,「취리산 유적의 고고학적 검토」『就利山會盟과 백제』혜안, 2010.

王連龍,「百濟人 '禰軍'墓誌' 考論」『社會科學戰線』2011-第7期.

李道學,「公山城 出土 漆甲의 性格에 대한 再檢討」『인문학논총』28, 경성대학교 인문

과학연구소, 2012.

李道學, 「益山 遷都 物證 '首府' 銘瓦에 대한 反論 檢證」『東아시아古代學』35, 2014.

李道學, 「恩山別神祭 主神의 變化 過程」『扶餘學』4, 부여고도육성포럼, 2014.

李道學, 「백제사 속의 익산에 대한 재조명」『마한백제문화』25, 2015.

李道學, 「世宗市 일원 佛碑像의 造像 목적과 百濟 姓氏」『한국학연구』56, 고려대학교
　　　　한국학연구소, 2016.

李道學, 「서평: 남정호 지음, '백제 사비시대 후기의 정국 변화'」『東아시아 古代學』42,
　　　　2016.

李道學, 「高句麗와 倭의 關係 分析」『東아시아古代學會 第66回 定期學術大會』2017.

이도학, 「白江戰鬪의 位置 확인에 대한 接近」『한국고대사탐구』25, 2017.

김광식, 「최상수의 한국전설집 재검토」『洌上古典研究』64집, 洌上古典研究會, 2018.

이도학, 「원천 콘텐츠로서 백제 계산 공주 설화 탐색」『단군학연구』42, 2020.

박주선, 「豊璋·翹岐의 동일인물설 검토」『사학연구』140, 2020.

이도학, 「기조강연 : 백제 역사문화 콘텐츠와 대중화 방안」『백제의 테크놀로지(학술심포
　　　　지엄 자료집) 백제의 治石과 結構』국립부여박물관, 2022.4.22.

이도학, 「계산 공주 설화에 대한 총합적 고찰」『백제 계산공주 콘텐츠 활용 방안 학술세
　　　　미나』(재)백제문화제재단, 2022.9.6.

장병진, 「백제 부여풍 후손의 행적에 관한 새 자료- 조인본, 부여씨 부부의 묘지명 -」『역
　　　　사와 현실』123, 2022.

이도학, 「風石 李鍾學의 新羅 海洋史 研究 業績」『故이종학 교수 추모 군사학 학술대
　　　　회』공군사관학교·풍석기념관, 2023.12.12.

이도학, 「동아시아 國際大戰 현장 白江과 周留城의 탐색」『2023년 백제부흥전쟁 백촌강
　　　　전투 학술심포지엄』2023.12.15.

김준형, 「백제 멸망 이전 扶餘隆의 행적과 역할」『한국고대사연구』113, 2024.

■ 기타

坪井九馬三, 「新羅史硏究序」『新羅史硏究』近澤書店, 1933.

李道學, 「소정방 사당터가 있는 충남 예산」『새교육』한국교육신문사, 1999년 9월호.

李道學, 「주간칼럼-백마강은 흐른다, 계백은 패장인가」『한국전통문화학보』50호, 한국
　　　전통문화대학교, 2008, 5.21.

이도학, 「백제인들의 체감 이상향, 익산 왕도」『미르』35, 익산시·전북문화재연구원,
　　　2023.

안정준, 「예소사 묘지명 해제」『국사편찬위원회 한국사 데이터베이스』.

ㅇ